The heart and soul of –

Helsingborg

– staden som berör ditt hjärta

© **Omslagsbilder**
Bertil Hagberg

© **Foto**
Tobias Andersson, HD-foto: 102 ö
Mikael Bohlin: 83
Annika Hagberg: 192
Bertil Hagberg: Där annat ej anges samt flygfoto
Kenny Lindquist: 49 m h
Thomas Madsen: 78 n v, 134, 135, 138, 142–144, 147 ö, ö h, n h, 149, 155 (bild 7, 17, 19), 160 ö h, u, 161 1–3 u, 162 ö v, n v, m, n m, n h, 163, 166, 167, 168 (bild 6-10, 12), 169 n, 174 (bild 2–4)
Carl-Johan Nilermark: 165 ö v
Britt-Mari Olsson, HD-foto: 181 u
Sarah Perfekt: 172 nv
Mats Rosén: 100–101
Lennart Sjöborg: 17 ö h
David Skoog: 172 n h
Sven Erik Svensson, HD-foto: 165 ö h

© **Text**
Bertil Hagberg: Där annat ej anges
Bengt Lindskog: 8–43, 56, 57, 73, 76,124
Kenny Lindquist: 44, 45, 47–49
Thomas Madsen: 160–163, 166–167
Pia Siljeklint: 184
Hasse Sjöström: 179–183

Översättning
John Bitton, Mark Wilcox

Grafisk form
Annika Hagberg

Produktion
Sesamphoto AB
Backavändan 5 • 263 71 Jonstorp
E-post: info@sesamphoto.nu • www.sesamphoto.nu

Tryck
Livonia Print

ISBN
978-91-979189-4-7

The heart and soul of

Helsingborg

Staden som berör ditt hjärta

Rådhus 30
Mariakyrkan 200 m
Stadsbibliotek 800 m
Knutpunkten 600 m
ottens Hus
Olympia 700 m
Stadsteater 900
Dunkers Kulturhus
Turistbyrå
700 m
Fredriksdals
Friluftsmuseum 1500 m
Tropikariet 1500 m

Innehåll

Contents

Förord

Helsingborgs läge vid Öresunds rand fick en gång smeknamnet ”Sundets pärla” och inget kunde väl vara mer rätt. Helsingborg väcker mångas intresse och det lockar att flytta hit från andra platser. Läget ut mot övriga Europa har säkert också sin betydelse, men faktiskt är det så att Helsingborg har själv fått en mera kontinental prägel med mängder av upplevelser både i staden och i dess omedelbara närhet. Så det är inte bara nära till kontinenten, den är redan här. Utbudet av handel, kaféer, restauranger och kulturliv har fått en styrka som lyfter på ett härligt sätt. Utvecklingen går framåt och det är med en stor övertygelse man kommer att få se förändringar av Helsingborg inom de närmaste åren. Förändringar som ger känslan av att det är – staden som berör våra hjärtan.

Med denna inledning vill jag varmt tacka medverkande fotografer, författare, översättare och formgivare – tillsammans har vi tagit fram ett tidsdokument av staden Helsingborgs stora bredd.

Bertil Hagberg

Introduction

Helsingborg's position on the Öresund Strait, better known as the Sound, once gave the town its nickname – the Pearl of the Sound. Nothing could be more fitting. Helsingborg arouses much interest and attracts many newcomers from afar. Its location relative to the rest of Europe has undoubtedly played a part in the town's growth; but, over the years, Helsingborg has acquired a more continental flavour, tempting us with innumerable sights, sounds and other wonderful experiences both in the urban centre and in the immediate vicinity. So, not only is it close to the continent, the continent is already here. Retail trade, cafés, restaurants and the culture scene have been given a lift that makes our hearts soar. We are convinced that, in years to come, this trend of positive change will continue to leave its mark on Helsingborg. Changes for the better – in the heart and soul of our town.

With these words I offer my warm thanks to the photographers, writers, translators and graphic designers who have contributed to the making of this book. Together, we have created a time capsule documenting the great breadth of the town of Helsingborg.

Bertil Hagberg

Från en kunglig borg
omkring år 1000 till Vänortsplatsen år 2000

Bengt Lindskog – Helsingborgskännare

Flygbild över centrala Helsingborg, samma område som visas på kartan intill.

Aerial photograph *of central Helsingborg covering the area shown in the map opposite.*

From a royal castle

around the year 1000 to Vänortsplatsen, the 'Twin Town Square', in 2000

Bengt Lindskog – Helsingborg historian

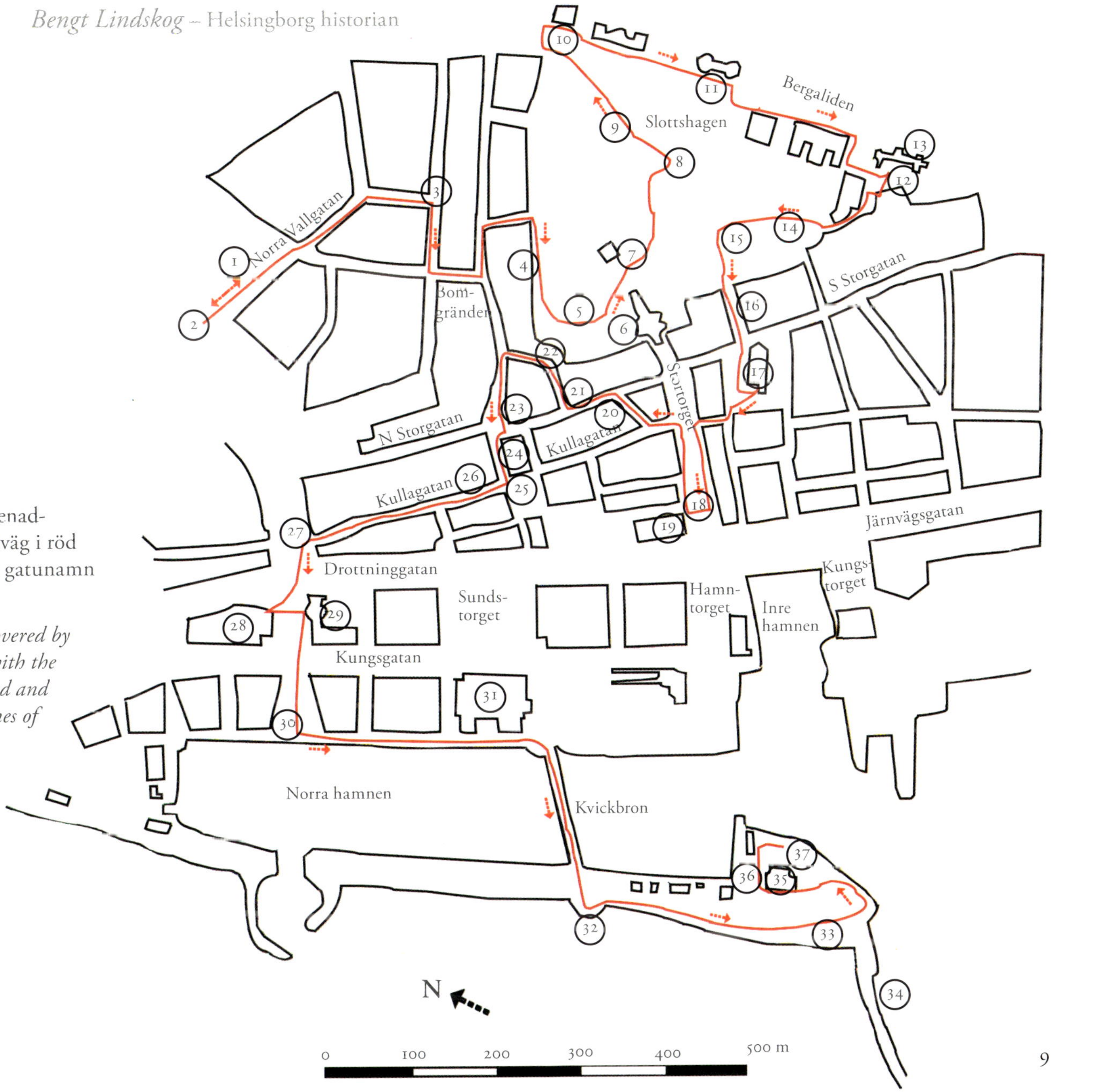

Karta över promenadområdet med färdväg i röd färg samt aktuella gatunamn angivna.

Map of the area covered by the historic walk with the route marked in red and showing street names of interest.

Introduktion

Kung Harald Blåtand som regerade i Danmark från 960-talet till 986 och enligt den berömda runstenen i Jellinge "både har enat och kristnat hela Danmark och Norge". Han lät uppföra ett antal ringborgar för att konsolidera sitt rike varav minst tre i Skåne: Trelleborg, Borgeby och Helsingborg. Vid arkeologiska undersökningar 1987 inom det sydvästra hörnet av kvarteret Prins Fredrik, vid Hallbecksgatans anslutning till S:t Clemensgatan, upptäcktes en del av en cirkulär vallgrav med en bredd av minst 4 m och ett djup av cirka 2 m. På en fortifikationsplan från 1644 finns angivet en halvcirkelformad linje med en yttre blå linje som väl överensstämmer med den framgrävda vallgraven. Cirkelns diameter är 75 roder som är detsamma som 270 m eller 900 romerska fot. Med flera andra indikationer är det mer än troligt att det i Öresundsparken har funnits en tredje skånsk ringborg från vikingatiden påbörjad kort innan år 1000.

I namnet Helsingborg finns substantivet "hals" som syftar på den smalaste delen av Öresund. De som bodde vid "halsen" benämndes "halsingar". Under vikingatiden ändrades uttalet till "hälsingar". På den västra sidan bildade kusten en sandig udde som kallades "Ören" och platsen fick namnet "hälsingarnas ör" som blev Helsingör. Öster om Öresund låg "hälsingarnas borg" som kan omskrivas till "deras borg som bor vid halsen".

1

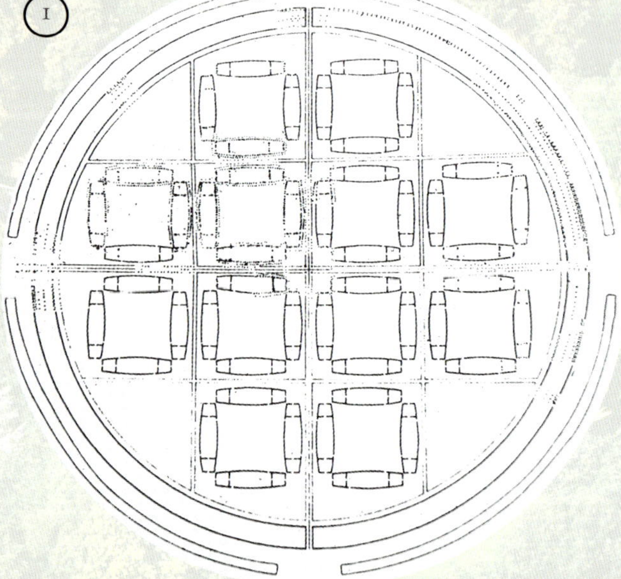

Så här kan ringborgen ha sett ut med 12 kvarter och 48 byggnader som alla är cirka 30 m långa och cirka 7 m breda.

Plan of the ring fortress as it may have looked, with 12 blocks and 48 buildings, each around 30 m long and 7 m wide.

Borgen är troligen den ringborg som kung Harald Blåtand lät uppföra under den senare delen av 900-talet i nuvarande Öresundsparken. Platsen och senare stadens namn blev på detta sätt Helsingborg som är känt i skriftlig form i Njals saga från slutet av 900-talet, i Adam av Bremens Historia om Hamburgstiftet från 1070-talet samt i kung Knuts gåvobrev till Lunds domkyrka från den 21 maj 1085.

Introduction

King Harald Bluetooth was the ruler of Denmark from c. 960 to 986 and, according to the famous runestones in Jellinge, both united and Christianized all Denmark and Norway. In order to consolidate his kingdom, he ordered the building of a number of ring fortresses of which at least three were built in Skåne: in Trelleborg, Borgeby and Helsingborg. During the archaeological investigations in 1987, in the southwest corner of the block where Hallbecksgatan joins St. Clemensgatan, part of a circular moat, at least 4 m in width and 2 m in depth, was discovered. On a drawing from 1644 a semi-circular blue line, well matching the outer limit of the excavated moat, can be seen. The diameter of the circle is 75 'roder', corresponding to 270 m or 900 Roman feet. A number of other finds in Öresundsparken indicate that it is more than probable that this was the site of the third ring fortress in Skåne from the Viking era, begun shortly before the year 1000.

(1) Vallgraven i Öresundsparkens södra sida är en rest av det stora försvarssystem som omgav staden under 1600-talet.
The moat *at the southern end of Öresundsparken was part of the extensive system of defences that surrounded the town in the 17th century.*

The town name Helsingborg includes the word *hals*, meaning neck, which alludes to the narrowest part of the Öresund Sound. People living close to the hals were called *halsingar*. During the Viking era the pronunciation of the word changed to *helsingar*. On the western side of the sound there was a sandy promontory, an *ör*, and the settlement there became known as *helsingarnas ör* which became Helsingör (Elsinore). Similarly, to the east of the sound lay *helsingarnas borg* which we now know as Helsingborg. The *borg* was most probably the ring fortress that Harald Bluetooth had built in the latter part of the 10th century, located on the site of the present-day Öresundsparken park. This spot and, later, the name of the town thus became Helsingborg and is mentioned in Njáls Saga from the end of the 10th century, in Adam of Bremen's chronicle 'Deeds of Bishops of the Hamburg Church' completed in the 1070s, and King Canute's deed of gift to Lund Cathedral dated 21 May 1085.

(2) Den vikingatida ringborgen i Öresundsparken låg öster om landborgens släntkrön med utsikt över den obebyggda stranden och Öresund.

The ring fortress during the Viking era *lay to the east of the edge of the coastal cliff, now Öresundsparken, and looked out over an empty beach and the Öresund Sound.*

(3) I SAMBAND MED ATT KUNG HARALD BLÅTAND lät anlägga ringborgen uppfördes i trä den första S:t Clemenskyrkan cirka 40 m söder om borgens vallgrav. Den lilla träkyrkan var troligen stadens första kyrka och ersattes av en stenkyrka i romansk stil under den senare delen av 1000-talet, vilken är markerad med gatsten i S:t Clemensgatan. Efter reformationen 1536 raserades kyrkan.

WHEN KING HARALD BLUETOOTH *built the ring fortress the first Church of St. Clemens lay approximately 40 m south of the moat. This small wooden building was most probably the first church to be built in the town and was later replaced by a stone church in Romanesque style during the latter part of the 11th century. Paving stones set in St. Clemensgatan mark the former position of the church, which was demolished after the Reformation in 1536.*

(4) I DEN KONFORMADE TORKRIAN som uppfördes vid mitten av 1800-talet torkades spannmål.

THIS CONICAL DRYING BOX, *built in the middle of the 19th century, was used for drying corn.*

(5) HANDELSGÅRDARNA längs Storgatornas östra sida hade tidigare lusthus uppe på landborgskrönet. Det von Eppingska lusthuset uppfördes i början på 1800-talet och är bevarat på ursprunglig plats.

THE COMMERCIAL PROPERTIES *along the eastern side of the town's main streets often had a garden pavilion on the top of the coastal cliff. The von Epping pavilion was built at the beginning of the 19th century and still stands in its original location.*

(6) Efter det att ringborgen raserats uppfördes en ny kunglig borganläggning på platån öster om landborgskrönet mellan de två djupa erosionsdalarna som nu markeras av Nedre Långvinkelsgatan och Hallbergs trappor. Under 1100-talet byggdes ett kastaltorn och en rundkyrka inom borgområdet. Kyrkan, som var uppförd i sandsten, benämndes Sankt Mikaels kapell. På 1300-talet omvandlades kapellet till ett försvarstorn i ringmuren. Stenläggningen visar platsen för kapellet.

After the ring fortress had been demolished, *a new royal castle was built on the plateau east of the top of the coastal cliff between two erosional valleys, now Nedre Långvinkelsgatan and Hallbergs trappor. During the 12th century a citadel tower and a round church were built in the castle grounds. The church, which was built in sandstone, was called St. Michael's Chapel. In the 14th century the chapel was converted into a defence tower in the ring wall. The stone slabs indicate the site of the chapel.*

(7) Det medeltida borgområdet hade en yta av cirka 20 000 m^2 vilken omslöts av en drygt 500 m lång krenelerad ringmur som var cirka 8 m hög och omgiven av naturliga djupa slänter på tre sidor och en cirka 15 m djup vallgrav mot öster. Det kungliga bostadstornet Kärnan, vars namn tillkom på 1700-talet, benämndes tidigare gamla slottstornet. Byggnaden som är cirka 34 m hög och kvadratisk med cirka 15 m sida, uppfördes under den tidigare delen av 1300-talet och fick sin nuvarande gestaltning vid en restaurering 1893–1894.

Helsingborgs slott var under senmedeltiden Nordiska unionens och Danska rikets starkaste fästning. Hela slottsområdet utom Kärnan revs på order av den svenske kungen Karl XI 1680.

In the Middle Ages the castle grounds *covered some 20,000 m^2 and were surrounded by a more than 500-m-long and 8-m-high crenellated ring wall. There were deep slopes on three sides and an approximately 15-m-deep moat to the east. The royal residential tower, which was given its present name* Kärnan *in the 18th century, was previously known as the old castle tower. This 15-m-square structure is 34 m high and was built in the late 14th century. It attained its present appearance when it was restored in 1893–1894. During the late Middle Ages, Helsingborg Castle was the Kingdom of Denmark's, and the Kalmar Union's, strongest fortress. In 1680, the Swedish king Karl IX ordered the whole castle, except for the tower, to be demolished.*

(8) Öster om borgen i nuvarande Slottshagen etablerades stadsbebyggelse under 1000-talet. Den utvidgades under den tidiga medeltiden. Bebyggelsen fanns kvar här till början av 1500-talet då staden var helt lokaliserad till området väster om landborgen.

In the 11th century *a town was established to the east of the castle, in the present-day Stadshagen district. The town then expanded during the early Middle ages. There were buildings here until the beginning of the 16th century when the town instead began to develop in the area to the west of the coastal cliff.*

(9) Trots besöksförbud till Helsingborg kom pesten till staden 1711 varvid 133 personer dog. Här på det medeltida stadsområdet inrättades en pestkyrkogård där böldpestens offer fick sin sista viloplats.

Despite it being forbidden *to visit Helsingborg, a bubonic plague struck the town in 1711 and 133 inhabitants died. Here, on the site of the medieval town, a plague cemetery was built to provide a final resting place for the victims.*

(10) Östra skolan är stadens första folkskolebyggnad uppförd 1866 och inrymmer i dag Helsingborgs skolmuseum. Allmän folkskola infördes i Helsingborg 1838.

Skolmuseiföreningens ordförande och tillika före detta folkskoleläraren Rosita Wärring leder från katedern en lektion på gammaldags vis.

The Östra skolan school *was built in 1866 and was the town's first elementary school. Today it is home to Helsingborg School Museum. Public elementary education was first introduced in Helsingborg in 1838.*

The chairman of the school museum and former elementary school teacher Rosita Wärring holds an old-style lesson from behind the teacher's desk.

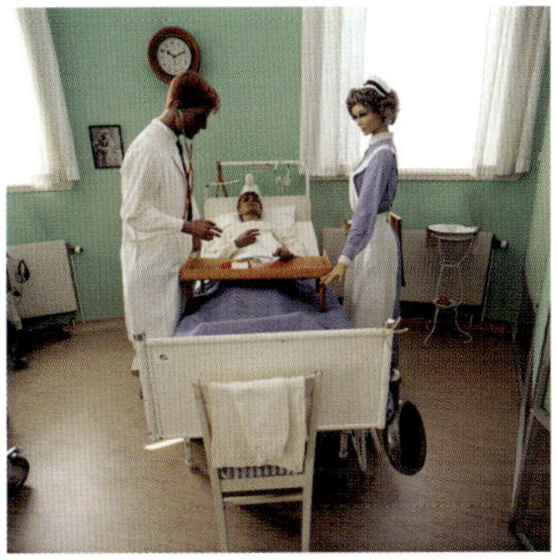

(11) Det tidigare barnsjukhuset stod klart 1889 och verksamheten bedrevs i byggnaden fram till 1944. Idag finns här stadens Medicinhistoriska museum.

The former children's hospital *was completed in 1889 and was in use until 1944. Today it houses the town's medical history museum.*

(12) I början av 1900-talet planerades på Möllebackens våffelbruk ett friluftsmuseum och gamla byggnader från trakten flyttades hit jämte stubbamöllan som gett platsen dess namn. Redan 1912 serverades de första våfflorna. När staden 1918 erhöll genom en donation Fredriksdals herrgård anlades där i stället ett friluftsmuseum.

At the beginning of *the 1900s, plans were drawn up for an open-air museum to be built in the grounds of the Möllebacken waffle baker's shop. Old buildings from the area together with a post mill,* stubbamölla, *were moved here, giving the site its present name. Waffles were first served here in 1912. When Fredriksdal Manor was donated to the town it was decided to build an open-air museum in the manor grounds instead.*

(13) Denna relief över den medeltida Sankt Olofskyrkan är uppsatt vid entrén till den gamla läroverksbyggnaden som uppfördes 1863.

This relief *of the medieval Church of St Olof is set next to the entrance to the old elementary school building from 1863:* The site of the Church of St. Olof, built in the 12th century, during the middle Ages. Demolished after the Reformation in 1536. A graveyard lay next to the church.

(14) Dominikanerkonventet, som låg öster om bronsmodellen, började byggas 1269 och revs efter reformationen i Danmark 1536.

Work on the construction *of the Dominican convent, which lay to the west of the bronze model, was begun in 1269. The convent was demolished after the Reformation in Denmark in 1536.*

(16) Billeplatsen har fått sitt namn efter riksrådet och länsherren på Helsingborgs slott Anders Steensen Bille (1580–1633). Han var ägare till Billegården som låg på platsen fram till 1679.

Billeplatsen *is a square named after the state councillor and feudal lord of Helsingborg Castle Anders Steensen Bille (1580–1633). He was the owner of Billegården Manor that lay here until 1679.*

(15) I ravinens dalgång, Hallbergs trappor, söder om slottet, gick från vikingatiden och många hundra år framåt den riksviktiga trafikleden från Halland, Blekinge, norra Skåne och platåstaden till hamnbryggan för vidare överfart till Själland.

The ravine *south of the castle,* Hallbergs trappor, *was a nationally important thoroughfare for travellers from Halland, Blekinge, northern Skåne and the cliff-top town on their way to the harbour jetty to cross the sound to Zealand.*

17 Den första Mariakyrkan byggdes av sandsten i romansk stil under 1100-talets senare del när stadsbebyggelsens expansion flyttade från platåstaden ner till strandstaden. Sandstenen hade brutits vid nuvarande Hälsovägen.

Uppförandet av den nuvarande Mariakyrkan i gotisk stil påbörjades omkring 1310. Sandstenen från den gamla kyrkan återanvändes främst i sockeln och koromgången. Teglet till kyrkan och Kärnan slogs och brändes antagligen i samma ugn uppe på landborgen. Kyrkan stod färdig omkring 1410.

Vid reformationen i Danmark 1536 revs de tre kyrkorna och dominikanerkonventet inom platåstaden och Mariakyrkan blev stadens enda kyrka. Området runt kyrkan var kyrkogård från 1100-talet till 1816.

The first Church of Saint Mary *was built of sandstone in Romanesque style during the latter part of the 12th century when the expanding town moved from the cliff-top plateau down to the shore. The sandstone was quarried from a site close to Hälsovägen.*

The building of the present Church of Saint Mary, in Gothic style, was begun around 1310. Sandstone from the old church was reused, mostly for the plinth and ambulatory. The bricks for the church and the Kärnan tower were most probably made and fired in the same kiln on top of the coastal cliff. The church was completed in around 1410.

During the Reformation in Denmark in 1536 the three churches and Dominican convent in the 'upper' town were demolished and the Church of Saint Mary then became the only church in the 'lower' town. The area around the church was a graveyard from the 12th century until 1816.

Relief över kompositören Dietrich Buxtehude (1637–1707) som tillbringade sina uppväxtår i Helsingborg där hans far Hans Buxtehude var organist i Mariakyrkan. Dieterich Buxtehude är ett av kyrkomusikens stora namn. Han komponerade 90 orgelverk samt var organist i Mariakyrkan 1657–1660.

Relief *showing the composer Dietrich Buxtehude (1637–1707). He grew up in Helsingborg where his father Hans Buxtehude was organist at the Church of Saint Mary. Dieterich Buxtehude is one of the greatest names in church music and he composed 90 works for the organ. He was organist at the Church of Saint Mary from 1657 until 1660.*

Interiör från Mariakyrkans kor med en vacker ljusbärare till vänster.

The sanctuary *in the Church of Saint Mary with a magnificent candle holder to the left.*

Gravhällen erinrar om att kyrkogården i anslutning till Mariakyrkan var i bruk från 1100-talet fram till 1816.

The gravestones *remind us that the Church of Saint Mary graveyard was in use from the 1100s until 1816.*

Bank

RELIEF över Stortorgets historia.

RELIEF showing the history of Stortorget.

STORTORGET – THE MAIN SQUARE
Stortorget was extended in March 1679 because the Danish army had built an approximately 200 m long and 10 m wide trench through the then existing town. The trench ran from the boat jetty to a gateway building in the face of the more than 20-m-high coastal cliff. From here a road ran up the slope to the western ravelin of the citadel. The trench was protected by earthworks, palisades and pointed iron stakes. The purpose of the trench was to protect the transportation of ammunition and provisions from boats moored at the jetty to the defenders in the citadel against the Swedish artillery fire. It also formed part of the town's defences in case of a Swedish attack. When the trench was built a large number of the neighbouring buildings were demolished. The eastern part of Stortorget was built during the latter part of the 1690s and its western part during the years 1706–1709. For more than 400 years, until 1679, the site of Stortorget had been a built-up area.

• *The location of the relief*

—*Building boundaries in 1678*
A *Shoreline in 1679.* **B** *Town wall in 1679.* **C** *Gateway building with central opening in 1679.* **D** *Boat jetty in 1679.* **E** *Trench in 1679.* **F** *Roadway in the face of the coastal cliff between the gateway building and the citadel.* **G** *The western ravelin of the citadel in 1679 with S:t Mickels tower, which had been built in the 12th century as a round church.* **H** *Axeltorget Square 1654–1667.* **I** *Church of Saint Mary built 1310–1410.* **J** *The old customs house built in 1838.* **K** *Candelabra installed in 1859.* **L** *The inner harbour inaugurated in 1867.* **M** *The town hall built in 1892–1897*
••• *Present day buildings* –•– *The quaysides of the inner harbour*

Site plan from 2012, scale 1:1000. The shoreline, town wall, town buildings, boat jetty and trench to the gateway building and road to the citadel in 1679.

← (18) STORTORGET från väster.

THE STORTORGET *square from the west.*

STATYN över fältmarskalken Magnus Stenbock på Stortorgets västra del tillkom efter en tävling 1898 där John Börjesson vann första pris. Statyn invigdes 1901. Magnus Stenbock var generalguvernör i Skåne och ledde de segrande svenska trupperna i slaget vid Helsingborg den 28 februari 1710.

THE STATUE *of Field Marshall Magnus Stenbock at the western end of Stortorget was erected after a design competition in 1898 in which John Börjesson won first prize. The figure was unveiled in 1901. Magnus Stenbock was Governor-General of Skåne and lead the victorious Swedish troops at the Battle of Helsingborg on 28 February 1710.*

(19) Rådhuset från sydväst.

Helsingborg Town Hall *from the southwest.*

Vigselrummet för borgerlig vigsel i Rådhuset.

The ceremony room *for civil marriages in the Town Hall.*

Modell på Stortorget över det gamla Rådhuset som uppfördes 1799 och revs när det nya rådhuset stod klart 1897.

Model *of the old Town Hall located in Stortorget. The building was constructed in 1799 and demolished when the new Town Hall was completed in 1897.*

EFTER EN ARKITEKTTÄVLING om ett nytt rådhus i Helsingborg 1889 uppfördes det i nygotisk stil segrande förslaget. Byggnaden började uppföras 1892 och stod klar 1897. Förutom stadens förvaltning och dess politiska organ inrymdes i byggnaden rådhusrätten, polisen och brandkåren. I byggnaden finns nio fönsterglasmålningar som skildrar stadens historia.

AN ARCHITECTURAL COMPETITION *for a new town hall was held in 1889 and was won by an entry for a design in neo-Gothic style. Work commenced in 1852 and the new building was completed in 1897. Besides the offices for the town's administrative departments and political parties, the building originally housed the municipal court, the police and the fire service. On the second floor there are nine stained-glass windows depicting scenes from the history of the town.*

KOMMUNFULLMÄKTIGES sessionssal.

THE MUNICIPAL COUNCIL'S *assembly hall.*

(20) GAMLEGÅRD är ett av de äldsta profana husen i Helsingborg uppfört före 1759. I huset bodde några nätter franske marskalken Jean Baptiste Bernadotte, sedermera kung Karl XIV Johan, efter det att han landstigit i Helsingborg den 20 oktober 1810.

GAMLEGÅRD MANOR *is one of the oldest secular buildings in Helsingborg and was built before 1759. The French Marshall Jean Baptiste Bernadotte, who became King Karl XIV Johan of Sweden, spent a few nights here after disembarking in Helsingborg on 20 October 1810.*

(21) I DEN SÖDRA DELEN av Henckelska gården finns en muromgärdad trädgård med bland annat formklippta växter.

A NUMBER OF TOPIARY BUSHES *adorn the walled garden at the southern end of Henckel Manor.*

DEN HENCKELSKA GÅRDEN är troligen uppförd på 1680-talet och representerar utformningen av de handelshus som låg på Storgatornas östra sida och intill landborgens släntfot från slutet av 1600-talet och fram till den senare delen av 1800-talet. Väster om muren mot Storgatan finns en liten stensatt trädgård som anlades 1766.

HENCKEL MANOR *was most probably built in the 1680s. It represents the style of the trading houses that were situated along the eastern side of the town's main streets, at the foot of the coastal cliff, from the end of the 1600s until the latter part of the 1800s. To the west of the wall next to Storgatan is a small stone-paved garden that was laid out in 1766.*

(22) SPRINGPOSTKÄLLAN var sedan medeltiden en av stadens viktigaste vattenkällor där många av stadens hushåll hämtade sitt vatten. Under 1700-talet drogs en ledning av trästockar från källan till bryggan där fartygen fick direkt tillgång till dricksvatten.

SINCE THE MIDDLE AGES *the Springpostkällan spring was one of the town's most important sources of water and many of its households drew their water here. In the 18th century a pipe of hollowed-out logs was laid from the spring to the harbour jetty, giving boats direct access to fresh drinking water.*

(23) Brunnen och platsen är uppkallad efter den världsberömda skånsk/danska astronomen Tycho Brahe (1546–1601). Himmelsgloben över brunnen är tecknad efter en astronomisk atlas som är upprättad under 1600-talet. Brunnen invigdes 1927 och de latinska texterna betyder; ”Låt oss verka [väl] medan vi har tid”, ”Icke makt och rikedomar endast konstens herravälde består” och ”Inte anses för något utan att vara”. Ett epitafium över Tycho Brahes dotter Kirsten, som dog innan hon hade fyllt tre år, är uppsatt i Mariakyrkan.

The Tycho Braheplatsen *square is named after the world-famous Danish astronomer Tycho Brahe (1546–1601). The design of the celestial globe above the Tycho Brahebrunnen well was based on a 17th-century astronomical atlas. The well was inaugurated in 1927 and the inscriptions, in Latin, translate as "While we have time, let us do [good]", "Neither wealth, nor power, but only knowledge, alone, endures" and "Not to seem but to be". A sepulchral tablet for Tycho Brahe's daughter Kirsten, who died before she was three years old, can be found in the Church of Saint Mary.*

Norra Storgatan
21
Jacob Hansens Hus

(24) Jacob Hansens hus uppfördes 1641 av köpmannen och rådmannen Jacob Hansen och Inger Mogensdotter, är ett av de få hus som är kvar efter kriget 1676–1679 mellan Danmark och Sverige. Den rödputsade flygelbyggnaden i norr uppfördes 1930 och innehåller en stor samlingssal där takmålningarna visar scener ur Helsingborgs historia.

Jacob Hansen's House, *built in 1641 by the merchant and district court judge Jacob Hansen and Inger Mogensdotter, is one of the few houses that survived the war between Denmark and Sweden in 1676–1679. The red rendered wing to the north was built in 1930 and comprises a large assembly hall with ceiling paintings depicting scenes from the history of Helsingborg.*

(25) Kullagatan är en av stadens ledande affärsgator och har sitt ursprung i det medeltida gatunätet. Gatan byggdes om till en av Sveriges första gågator 1961.

Kullagatan *is one of the town's leading shopping streets and was originally part of the medieval street system. It was rebuilt in 1961 to become one of Sweden's first pedestrian streets.*

Petter Olsson (1830–1911) industriman, spannmålshandlare, konsul, riksdagsman, stadsfullmäktiges ordförande, hamndirektionens ordförande m m. Han var från 1850-talet och till sin bortgång en av Helsingborgs absolut ledande personer och hade stor del i stadens enastående utveckling vid slutet av 1800-talet.

Petter Olsson *(1830–1911) was, among other things, an industrialist, corn merchant, consul, member of parliament, chairman of the town council and chairman of the harbour board. From the 1850s until his death he was one of Helsingborg's most influential figures and was engaged in the town's unparalleled development at the end of the 19th century.*

(26) Konsul Petter Olsson uppförde sitt spannmålsmagasin vid Kullagatan 1859 endast 29 år gammal. Medeltidsromantiken är tydlig i byggnadens arkitektur. I magasinsbyggnaden fanns även familjens bostad och en sal för frireligiösa möten. Efter renovering på 1980-talet inrymmer byggnaden bostadslägenheter och kontor.

Consul Petter Olsson *built a granary on Kullagatan in 1859 when he was only 29 years old. The medieval Romantic style can be clearly seen in the architecture of the building. The building also contained the family dwelling and an assembly hall for Nonconformist meetings. The building was renovated in the 1980s and now contains apartments and offices.*

27 Platsbildningen uppstod vid mitten av 1800-talet och då fiskarna på Norr sålde sin fångst här fick platsen namnet Fisktorget. Ett av stadens äldsta företag – Jensens handelsträdgård – etablerades i den östra delen på 1840-talet. Staden förvärvade marken i samband med att Hälsovägen breddades 1899 och en plantering anlades som döptes 1907 till Sankt Jörgens plats, vars namn kan härledas till den kristne martyren Sankt Göran som dog 303. Efter en tävling 1937, där det inkom 62 förslag, valdes Axel Wallenbergs konstverk "Lekande ungdom" till vinnare. Skulpturen invigdes 1946.

In the middle of *the 19th century this was where fishermen from the northern part of the town sold their catches and it became known as Fisktorget, Fish Square. Jensen's market garden, one of the oldest businesses in the town, was established in the eastern part of the square in the 1840s. The town acquired the land when Hälsovägen was widened in 1899 and a small park, Sankt Jörgens plats, was laid out in 1907. After a competition in 1937, which attracted 62 entries, Axel Wallenberg's statue "Youth at play" was chosen as the winner. It was unveiled in 1946.*

Den gamla stadsteaterbyggnaden uppfördes 1877 vid Prästgatan där den tidigare teaterladan var belägen. Byggnaden revs 1976.

The old town theatre building *was built in 1877 on Prästgatan on the site of the former barn theatre. The building was demolished in 1976.*

(28) Stadsteaterbyggnaden uppfördes mellan 1973 och 1976 i vit betong med gråa markeringar som skapar ett antal stringent utformade, geometriska volymer.

The town theatre *was built between 1973 and 1976. The stringently formed geometric shapes of the different parts of the building have white concrete facades accented in grey.*

Henry Dunker (1870–1962) industriman med titeln disponent var chef för Helsingborgs Gummifabriks AB (Tretorn) från dess tidiga år. Han var Helsingborgs störste donator och omtalades som "Sveriges rikaste person". Dunkerstiftelsen har bland annat finansierat byggandet av Stadsteatern, en ny läktare på Olympia, Kulturmagasinet på Fredriksdal och Dunkers kulturhus.

Henry Dunker *(1870–1962) was an industrialist and the works manager at Helsingborgs Gummifabriks AB (Tretorn), the rubber factory. He was the town's greatest benefactor and in his day known as "the richest man in Sweden". The Dunker Foundation has, among other things, financed the building of the Town Theatre, a new grandstand at the Olympia stadium, Kulturmagasinet at Fredriksdal, and Dunkers kulturhus.*

Konserthusets huvudentré mot öster.

The main entrance to the Helsingborg Concert Hall.

(29) Konserthuset, som uppfördes 1932, är ett av de tidigaste och förnämsta exemplen på funktionalistisk arkitektur i Sverige. Huset har vitputsade fasader med stora glaspartier där den höga byggnadskroppen innehåller de båda konsertsalarna. Byggnaden är i huvudsak i originalskick.

Helsingborg Concert Hall, *built in 1932, is one of the earliest and finest examples of functionalism in Sweden. The well-preserved building has white rendered facades with large areas of glass. The two auditoriums are located in the high part of the building.*

After work-konsert 2014.

After work-concert 2014.

Helsingborgs Lucia på Konserthusets scen 2012.

Helsingborg's Lucia *on stage at the Concert Hall in 2012.*

NORRA HAMNENS sista silobyggnad.

THE LAST SILO *in the Northern Harbour.*

(30) NORRA HAMNEN började anläggas 1884 genom att en vågbrytare av stenkistor lades ut i Öresund på cirka 4 m djup cirka 250 m från och parallellt med stranden. Hamnbassängsområdet torrlades och grävdes ut för hand till drygt 7 m djup och vars schaktmassor utnyttjades för att fylla upp kajområdena och vågbrytaren. Hamnen invigdes 1891 av kung Oscar II. Verksamheten i hamnen dominerades av trafik och lagring av spannmål, foder och gödning. Under 1980-talet upphörde successivt den kommersiella hamnverksamheten.

Planeringen av den nya bebyggelsen påbörjades under de första åren på 1980-talet och efter en arkitekttävling och flera olika planprogram beslöts 1995 att exploatera området efter en idé som tagits fram av Tegnestuen Vandkunsten i Köpenhamn. De 13 bostadshusen med drygt 300 lägenheter stod färdiga sommaren 1999.

WORK ON THE NORTHERN HARBOUR *was begun in 1884 after a stone caisson breakwater had been built about 250 m from the shore where the water was*

4 m deep. The harbour basin area was pumped dry and excavated by hand to a depth of 7 m, the excavated seabed being used to fill out the quays and the breakwater. The harbour was inaugurated by King Oscar II. Commerce in the harbour was dominated by the warehousing and shipping of corn, fodder and fertilizer. During the 1980s commercial trading activities in the harbour gradually ceased.

Plans for developing the harbour area were put forward in the 1980s and, after a number of different plans had been presented, it was decided in 1995 to develop the area according to a proposal by the architects Tegnestuen Vandkunsten from Copenhagen. The 13 buildings with just over 300 apartments were completed in the summer of 1999.

VID INVIGNINGEN av bostadsutställningen "H99" år 1999.

FIREWORK DISPLAY *on the opening of the H99 building exhibition in 1999.*

31 EFTER EN INTERNATIONELL arkitekttävling som vanns av den danskc arkitekten Kim Utzon, uppfördes Dunkers kulturhus 2002. Byggnaden innehåller bland annat utställningslokaler, konsertsal och teaterlokal samt två restauranglokaler och turistbyrå.

Tornet över restaurangen har en fasad av kakel från Skrombergaverken, av samma sort som operahuset i Sydney som ritats av arkitektens far Jörn Utzon.

Konstverket "Dancing Column" i sandsten söder om Dunkers kulturhus och intill kajpromenaden har utförts av Tony Cragg.

Kvickbron byggdes 1996. Namnet kommer från den lilla personfärjan "Kvick" som trafikerade inloppet till Norra hamnen mellan Hamntorget och Parapeten mellan 1893 och 1969. Småbåtshamnen har cirka 350 båtplatser.

The Kvickbron bridge *was built in 1996. The name comes from the small passenger ferry, Kvick, that plied the entrance to the Northern Harbour between Hamntorget and Parapeten from 1893 until 1969. The marina has berths for around 350 boats.*

← Dunkers kulturhus *was built in 2002 after holding an international design competition. It was won by the Danish architect Kim Utzon. The building contains, among other things, exhibition halls, a concert hall and a theatre as well as two restaurants and a tourist office. The facade of the tower above the restaurants is clad in tiles from the Skrombergaverken tile factory and are of the same type as those used for the Sydney Opera House, designed by the architect's father Jörn Utzon. The sandstone sculpture "Dancing Column", to the south of the building and next to the quayside walk, is by Tony Cragg.*

32 Utsiktsplatsen invigdes 2003 som en avslutning av Kvickbron. De fem Nordiska ländernas nationsflaggor är en erinran om Helsingborgs betydelse som en av regeringsstäderna under den Nordiska unionens tid från 1397 fram till början av 1500-talet.

The viewpoint *was inaugurated in 2003 and marks the western end of the Kvickbron bridge. The flags of the five Nordic countries remind us of the importance of Helsingborg when it was one of the seats of government during the era of the Kalmar Union from 1397 to the beginning of the 1500s.*

33 Tropical Beach med palmer och stor sandstrand anlades 1999 i samband med H99-utställningen.

Tropical Beach *with its palm trees and long sandy beach was opened in 1999 in connection with the H99 housing exhibition.*

(34) Vågbrytaren i nord-sydlig riktning började byggas 1884 och var klar 1892. Från den södra delen av vågbrytaren förlängdes den cirka 300 m åt väster 1921.
Lots- och fyrhuset uppfördes 1889.

Work on the north-south oriented breakwater *started in 1884 and was completed in 1892. It was extended from its southern end some 300 m to the west in 1921. The combined pilot house and lighthouse was built in 1889.*

(35) INFÖR UTSTÄLLNINGEN H55 1955 uppfördes restaurang Parapeten som den enda av byggnaderna som skulle vara kvar efter utställningstiden. En stor renovering genomfördes 1998 varvid restaurangskolan etablerades i en del av lokalerna. Bronsskulpturen "Kosmiskt rum" skapades till H55-utställningen av Bengt Amundin.

THE PARAPETEN RESTAURANT *was built in 1955 for the H55 arts and crafts exhibition and was the only building that was planned to be kept after the exhibition had closed. It was extensively renovated in 1998 and a restaurant school was also established on the premises. The bronze statue "Cosmic space" was created for the H55 exhibition by Bengt Amundin.*

(36) ÅR 1946 ANORDNADES en tävling om ett minnesmärke över de under kriget omkomna 72 sjömännen som tillhörde sjömanshuset i Hälsingborg. Robert Nilssons förslag "Konvojer" fick första pris och konstverket invigdes i Öresundsparken 1950. Skulpturen flyttades till sin nuvarande plats i planteringen norr om restaurang Parapeten 2006.

IN 1946 A DESIGN COMPETITION *was held for a memorial to the 72 sailors who had been registered at the town's mercantile marine office and who had died in the war. Robert Nilsson's entry "Convoys" won first prize and the sculpture was unveiled in Öresundsparken in 1950. It was moved to its present location in the small garden north of the Parapeten restaurant in 2006.*

(37) Den 21 maj 2000 invigdes Vänortsplatsen som en hågkomst att Helsingborg då hade fyra vänorter: Helsingör, Alexandria (USA), Pärnu (Estland) och Dubrovnik (Kroatien). Centralt placerad på platsen är skulpturen "Sail around the world" av Tomas Nordbäck.

On 21 May 2000 *Vänortsplatsen was inaugurated to mark that Helsingborg then had four twinned towns: Elsinore (Denmark), Alexandria (USA), Pärnu (Estonia) and Dubrovnik (Croatia). The sculpture "Sail around the world" by Tomas Nordbäck is located in the centre of the square.*

På segelfartygens tid uttnyttjades ett gångspel bland annat för att förhala fartyg och som ankarvinsch. Vid hamninloppet fanns tidigare ett gångspel som sattes upp 1865. Skulpturgruppen i brons som sattes upp 1994 visar hur fyra män förde runt gångspelet och är utformat av Risto Karvinen.

In the era of sail a capstan *like this would have been used to help boats change berth and as an anchor windlass. At the entrance to the harbour there used to be capstan that had been installed in 1865. This sculpture in bronze, designed by Risto Karvinen, was erected in 1994 and shows how four men worked the capstan.*

Vid utställningen H55 fanns tre paviljonger av denna typ placerade tvärs över parapetenområdet. Paviljongerna flyttades efter utställningen. Med bland annat bevarade delar av paviljongerna byggdes denna kopia till bomässan H99.

Three similar pavilions *were erected close to the seawall parapet for the H55 arts and crafts exhibition though they were later removed. This replica was built for the H99 building exhibition and included parts that had been saved from the original pavilions.*

Mitt Söder

Kenny Lindquist
– författare och krönikör i Helsingborgs Dagblad

När jag flyttade till Helsingborg för 35 år sen från grannstaden Ängelholm var det av en slump som jag hamnade på Söder. Där fanns första bästa lägenhet. Jag blev frälst, för att använda en klyscha. Sen dess har jag varit stadsdelen trogen.

Här fanns puls, atmosfär och mångfalden samt en stor del av stadens historia, vilken man påminns om vid vandringar på Söders tre kyrkogårdar.

Söder – my part of town

Kenny Lindquist
– Writer and columnist at Helsingborgs Dagblad

35 years ago, when I moved to Helsingborg from the neighbouring town of Ängelholm, it was by pure chance that I ended up in *Söder*, as the southern part of the town is known. It just happened to be where the best flat was. I became completely captivated by the district and have been faithful to it ever since. There was a pulse, atmosphere and diversity as well as a large part of the town's history, reminders of which can be found if you take a walk around *Söder's* three cemeteries.

Ett gammalt talesätt i Helsingborg säger att Trädgårdsgatan längs Stadsparken klyver staden i två delar – Norr och Söder.

En god vän som växte upp på den gatan brukade skämtsamt nämna att varje gång han gick ut på balkongen så tillhörde han arbetarklassen.

Söder är blusens kvarter, precis som i South Side of Chicago.

Stig av bussen vid Gustav Adolfs torg och du möts direkt av ett färgstarkt folkliv med gatu- och torghandel.

In Helsingborg, the saying goes that Trädgårdsgatan, the street running along the northern side of the town park, splits the town into two parts – *Norr* and *Söder*. A good friend who grew up on the street used to joke that every time he went out onto his balcony he became a member of the working class. *Söder* is the town's blues district, just like South Side in Chicago. Get off the bus at Gustav Adolf's Square and you are immediately greeted by colourful street life and busy market stalls.

Wieselgrensgatan 8.

Under senare delen av 1800-talet exploaterades Söder för industri- och bostadsbebyggelse och kom att bli arbetarnas stadsdel. Men det är också den del av staden som fostrat stora berömdheter som ledaren för svenska världsberömda Radiojazzbandet på 1950- och 60-talen, Harry Arnold, och den ständige sekreteraren i Svenska akademien, Karl Ragnar Gierow. Det var också hit den kände skalden Birger Sjöberg, han med Fridas visor, inflyttade från Vänersborg 1907. Tillsammans med sina föräldrar bodde han på adressen Wieselgrensgatan 8, strax intill Nya kyrkogården, innan han flyttade vidare till Ramlösa.

Om man strosar från Gustav Adolfs torg norrut kommer man till Gamla kyrkogården, invigd 1816. Denna är sammanlänkad med Donations- och Nya kyrkogården ovanför slänten som är en del av Helsingborgs landborg. Kyrkogårdarna är lummiga oaser i den brusande innerstan. Man njuter sinnesfrid där då man slår sig ner på en bänk med en god bok en vacker sommardag eller bara är där. Men framför allt berättar kyrkogårdarna sin stads historia.

In the latter part of the 1800s, Söder was exploited for industrial and residential development and became a working class neighbourhood. But it was also the part of the town that bred great celebrities such as Harry Arnold, the leader of the world-famous Swedish Radio Jazz Group in the 1950s and 1960s, and the permanent secretary of the Swedish Academy, Karl Ragnar Gierow. It was also to where the poet Birger Sjöberg, famous for his song collection *Frida's visor*, moved from Vänersborg in 1907. Together with his parents, he lived at 8 Wieselgrensgatan, just close to the New Cemetery, before moving to the suburb of Ramlösa.

If you wander northwards from Gustav Adolf's Square, you'll come to the Old Cemetery, consecrated in 1816. It lies just next to the Donation Cemetery and the New Cemetery, both situated above the hillside that forms part of Helsingborg's ancient coastal cliff. These cemeteries are quiet shady oases in the otherwise bustling town centre. Places where you can enjoy peace of mind. Somewhere you can relax on a bench with a good book on a beautiful summer's day or just sit for a while. But, above all, cemeteries tell their town's history.

Besöker du Söder rekommenderar jag att du tar dig via trapporna upp till Donationskyrkogården och beskådar det mausoleum som skeppsredaren Carl August Banck lät uppföra 1908 över sin älskade hustru Ebba Augusta Margaretha. Byggnaden är skapad av arkitekten Carl Müngersdorf efter en förelaga av ett ryskt-grekiskt kapell i den tyska staden Wiesbaden.

Strax intill vilar Birger Sjöberg under ett pilträd. Karl Ragnar Gierows grav finns på meters avstånd. Henry Dunker, den store industrimannen och helsingborgarnas välgörare, vilar också här.

If you visit *Söder*, I recommend walking up the steps up to the Donation Cemetery and taking a look at the mausoleum erected by shipowner Carl August Banck in 1908 in memory of his beloved wife Ebba Augusta Margaretha. The monument was designed by the architect Carl Müngersdorf and was based on a Russo-Greek chapel in the German town of Wiesbaden. Close by, Birger Sjöberg rests under a willow tree and Karl Ragnar Gierow's grave is only a few metres away. Henry Dunker, the great Swedish industrialist and Helsingborg benefactor, also rests here.

Sammanlagt finns det 11 500 gravar på dessa tre centralt belägna kyrkogårdar.

Konsul Nils Persson skänkte marken till Donationskyrkogården år 1906. Hans sista vilorum finns i ett av mausoleerna. Snett nedanför landborgen vid Södergatan ståtar hans palats som i dag hyser Campus Helsingborgs studentföreningar.

Man kan säga att Dunker och Persson samarbetar efter döden i utbildningsprojektet "Förena Nytta med Nöje" där gummifabriken, som nu är universitet, utbildar studenter och Persson förlustar dem.

Söder är den stadsdel som kommer att få revansch när det planerade byggprojektet H+ blir verklighet. Då förenas Söder med Öresund och blir likvärdig Norra hamnen.

Altogether there are some 11,500 graves in these three centrally located cemeteries. Consul Nils Persson donated the land for the Donation Cemetery in 1906. His own final resting place is in one of the mausoleums. Below the hillside, on Södergatan, stands his palatial villa which, today, is home to the students' associations at Campus Helsingborg. You could say that Dunker and Persson joined forces after their deaths in a sort of educational "Business and Pleasure" project: the rubber factory, which is now a university building, is where the students are taught and Persson's villa is where they relax and unwind.

Söder is a neighbourhood that will get its "revenge" when the H+ regeneration project becomes a reality. Söder will then link up with the Öresund Sound and be a worthy match to the Northern Harbour development.

Södra Helsingborg.

1. Trädgårdsgatan och Stadsparken
2. Stadsbiblioteket
3. Konsul Perssons villa
4. Helsingborgs lasarett
5. Gamla kyrkogården
6. Donationskyrkogården
7. Wieselgrensgatan
8. Mäster Palms plats
9. Simhallsbadet
10. Gustav Adolfs torg
11. Furutorpsparken
12. Södra infarten
13. Campus – tidigare Tretorn

South Helsingborg.

1. Trädgårdsgatan and Stadsparken.
2. The Town Library
3. Konsul Persson's villa
4. Helsingborg General Hospital
5. The Old Cemetery
6. The Donation Cemetery
7. Wieselgrensgatan.
8. Mäster Palm's Square
9. Public swimming baths
10. Gustav Adolf's Square
11. Furutorpsparken
12. Southern motorway link
13. Campus – the former Tretorn factory

En fortsättning med färg och livfullhet i södra delarna av Helsingborg. Eneborgsplatsen från ovan samt Furutorpsplatsen.

Colour and life *in South Helsingborg. Eneborgsplatsen from the air and Furutorpsplatsen from the ground.*

Helsingborgs södra motorvägsinfart pryds av Oscar Reutersvärds skulptur ”Trippelrotation”

Oscar Reutersvärd's *sculpture "Triple Rotation" adorns the roundabout on the southern motorway link to Helsingborg.*

Stadens utsmyckningar

Public works of art

I Helsingborg finns en stor mängd offentlig konst som utsmyckar staden på ett vackert och uttrycksfullt sätt. Konst som kan betraktas under dygnets 24 timmar som ger olika upplevelser och blir på många sätt ett njutbart komplement till stadens arkitektur. I Helsingborgs skulpturguide, framtagen av Helsingborgs stad, beskrivs 86 av de offentliga konstverken mer utförligt.

A large number of public works of art, both beautiful and expressive, can be found in Helsingborg. As fine complements to the town's architectural character, they can be enjoyed at any time of the day, with each piece offering a unique aesthetic experience. 86 of these works of art are described in more detail in the town's official sculpture guide.

Tuppen av Palle Pernevi i Vikingsbergsparken.

The Cock *by Palle Pernevi in Vikingsbergsparken.*

Önskebrunnen av Tomas Nordbäck vid Ålgränden/Drottninggatan.

The Wishing Well *by Tomas Nordbäck at the junction of Ålgränden and Drottninggatan.* ↓

Sjöfartsmonumentet av Carl Milles på Hamntorget.

← The Mariner's Goddess *by Carl Milles in Hamntorget.*

DAVID av Ivar Johnsson återinvigdes 30 maj 2009 på Konsul Trapps plats. Statyn ansågs tidigare vara alltför naken och flyttades från platsen 1924.

DAVID *by Ivar Johnsson was reunveiled on 30 May 2009 at Konsul Trapps plats. The statue had previously been regarded as being too naked and was moved from here in 1924.*

JAKT av Christina Eriksson i Slottshagen.

HUNT *by Christina Eriksson in Slottshagen.*

HÄSTSKULPTUR av Åke Thornblad, Kopparmölleparken.

THE HORSE *by Åke Thornblad in Kopparmölleparken.*

SEKVENS av Arne Jones vid Idrottens hus.

SEQUENCE *by Arne Jones next to the Idrottens hus sports centre.*

FISKAFÄNGET av Sven Lundkvist på Gustav Adolfs torg.

THE CATCH *by Sven Lundkvist in Gustav Adolfs torg.*

Modeller, reliefer och plaketter
– ett sätt att informera om stadens historia

Gillet Gamla Helsingborg, som bildades 1928, har till ändamål att vårda och bevara minnen från gångna tiders Helsingborg. För att uppfylla detta syfte genomförde Gillet, med stöd av externa donationer, utarbetandet av stadsmodellen ”Helsingborg år 1400” som invigdes 2006. Modellen, som har en yta av cirka 12 m^2, är en gåva till Helsingborgs stad och är placerad på den östra delen av Stortorget. Senare överlämnade Gillet till staden en modell över det medeltida Dominikanerkonventet samt reliefer över de tre katolska kyrkorna – Sankt Clemens, Sankt Petri och Sankt Olof – vilka raserades vid reformationen 1536.

På initiativ av kommunstyrelsens ordförande Peter Danielsson överenskoms 2009 om ett samarbete mellan staden och Gillet att upprätta historiska stadsvandringsleder inom olika delar av stadsområdet. Hitintills har fyra stadsvandringsleder färdigställts där det har tagits fram tre modeller, nio reliefer och 270 plaketter, allt i brons. Arbetet fortsätter med nya vandringsleder, närmast är inom Söder och på Råå.

RELIEFERNA visar på platser eller byggnader från en svunnen tid i staden. Många är de som känner saknaden efter den gamla saluhallen som fanns på Sundstorget fram till 1966. De föreslagna förändringarna kring Hamntorget med Ångfärjestationen diskuteras livligt i dagens Helsingborg.

THE RELIEFS show *historic places and buildings in different parts of the town. Many of us miss the old market-hall that stood in the Sundstorget square until 1966. The proposed changes for the Hamntorget square and the old steam ferry station building are the current subjects of lively discussions in Helsingborg.*

MODELS, RELIEFS AND PLAQUES
– an educational way to tell the history of the town

Gillet Gamla Helsingborg, the Old Helsingborg Guild, was formed in 1928 with the aim of preserving and maintaining the memory of historic Helsingborg. As part of their endeavors, the guild, with the help of external donations, produced a model of Helsingborg as it would have appeared in the year 1400. The model, which was donated to the town, was unveiled in 2006. It covers an area of approximately 12 m^2 and can be seen in the eastern part of the Stortorget square. A model of the Dominican Convent and reliefs of three catholic churches – Saint Clement's, Saint Peter's and Saint Olof's – all of which were demolished during the Reformation in 1536, were later donated to the town.

Thanks to an initiative of Peter Danielsson, the chairman of the town council, the town and the guild decided in 2009 to collaborate in creating historic walks through different parts of the town. To date, four walks have been established and three models, nine reliefs and 270 plaques, all in bronze, have been produced. Work continues to create new walks and Söder, the town's southern district, and the southern suburb of Råå are next in line.

1
2
3
4
5
19 02
No 9
11
12
13
14
15

6
№7
8
9
10
37
No: 120
39
16
17
18
19
20

STADEN BLOMMAR. Årligen utsmyckas staden med vackra blomsteruppsättningar från tidig vår till sen höst av ett team från Stadsbyggnadsförvaltningen under ledning av Annika Anderberg Boman. Med gröna fingrar och konstnärliga kunskaper utformar de olika uppsättningar som sätter färg på Helsingborg till mångas glädje. Först ut på våren är blomsterlökar i tusental.

THE TOWN BLOSSOMS. *Each year, from early spring until late autumn, the town is adorned with beautiful floral arrangements by a team from the town parks department under the direction of Annika Anderberg Boman. With green fingers and artistic flair they create different arrangements that bring colour to Helsingborg and joy to many residents and visitors. First to flower are thousands of spring bulbs.*

Grönt är skönt... *Green is serene...*

...men också en del av vår hälsa. Stadens gröna rum ger oss den avkoppling som vi behöver i vårt samhälle där allt går väldigt fort. Här i parkerna kan man finna den avkoppling som varje person behöver, antingen i stillhet för sig själv eller tillsammans med familjen. Helsingborg har många sådana platser som är tillgängliga för alla och framför allt under sommarmånaderna fylls grönområdena med folk på picknick och som spelar sällskapsspel.

I Helsingborg har man ofta tagit initiativ till olika kampanjer till trädplantering för att bidra till renare luft och därmed hälsosammare miljö. Man ser här stora värden av parkanläggningar med mycket träd som hjälper till att sänka temperaturen i bostadsområdena.

...and plays an important role for our health. The green spaces in the town provide splendid opportunities for relaxation, so often needed in society today where everything happens at great speed. These spaces also offer a tranquillity that you can enjoy on your own or with your family and friends. There is an abundance of green oases in Helsingborg, accessible to all and especially appreciated in the summer months when they are popular venues for picnics, outdoor games and other activities.

Helsingborg has seen numerous tree-planting initiatives with the aim of creating cleaner air and thereby a healthier environment. Wooded parks are important too, as they help to keep summer temperatures down in residential areas.

Springbrunnen i Stadsparken utanför Stadsbiblioteket.

The Springbrunnen fountain *in the Town Park in front of the Town Library.*

Stadsbiblioteket byggdes 1965 efter ritningar av Arton arkitekter genom Jörgen Michelsen.

Stadsbiblioteket i Helsingborg har stor verksamhet utöver den traditionella bokutlåningen, man kan att låna filmer, musikalbum och tv-spel och här finns även möjligheter för släktforskning. Föredrag och föreläsningar hålls bland annat i bibliotekets kafé, Café Birger, som också arrangerar musikframträdanden och författarkvällar, där olika författare berättar om eller läser från sina böcker. För barn arrangeras bland annat barnteater och sagostunder.

Ett bibliotek som är till för alla då det finns handikapphiss till samtliga våningar.

The town library, built in 1965, was designed by Jörgen Michelsen at Arkitektfirman Arton.

It offers a number of services besides the traditional lending of books: you can borrow films, music and TV games and there are special facilities for genealogical research. Talks and lectures are sometimes held in the library café, Café Birgersson. Musical performances and writer's evenings are also popular events. Younger visitors can enjoy the children's theatre and storytelling sessions. Lifts for disabled visitors to each floor ensure that the library's resources are accessible to everyone.

Villa Vikingsberg och Vikingsbergsparken.

Villa Vinkingsberg *and Vikingsberg Park.*

Margaretaplatsen. Parken är anlagd till minne av kronprinsessan Margareta (1882–1920) och invigdes på midsommarafton 1924 av kronprinsen och senare kung Gustav VI Adolf.

Margaretaplatsen. *The park was laid out in memory of Crown Princess Margareta (1882–1920) and was opened on Midsummer's Eve in 1924 by Crown Prince Gustav Adolf, later to become King Gustav VI Adolf.*

Rosenträdgården uppe på landborgen intill Hallbergs trappor, en plats för njutning med härlig utsikt över staden och Öresund mot Helsingör.

Rosenträdgården. *From this wonderful rose garden on the top of the coastal cliff, close to* Hallbergs trappor *steps, you can enjoy an excellent view of the town and the Öresund Sound across to Elsinore in Denmark.*

Slottshagen.

KULIJULIS VÄRDINNA Debbie Lesvoix och Hasse ”Kvinnabös-ke” Andersson.

Karl-Gerhard Lundkvist ”Little Gerhard” och Sten Nilsson.

Barbro ”Lill Babs” Svensson.

Svenne Hedlund.

Thomas Pettersson, Lasse Holm, Gert Lengstrand och Magnus Johansson.

Nick Borgen, Debbie Lesvoix, programledare Olle Larsson och Eddie Oliva.

Oscar Zia.

Kulijuli i Slottshagens gryta. Under 45 år har en årligen återkommade begivenhet skapats med musikglädje i Helsingborg under juli månad. Tusentals besökare varje tisdag har fått uppleva en stor bredd av artister, kända som okända. Flera artister har startat sin karriar i Grytan och återkommit som folkära artister. På senare år har programledaren Olle Larsson förstärkt evenemanget från tre tisdagar till fyra för att kunna tillmötesgå alla förslag om artister och fler föreställningar. Kulijuli har blivit en stark tradition i hemstaden och är ett av de största stadsarrangemangen i Helsingborg med fritt inträde.

Kulijuli hedrades med Marknadsföreningen i Helsingborgsregionens pris Guldkärnan för årets bästa evenemang 2013, välförtjänt och glädjande för alla medverkande.

Välkommen till njutbara tisdagar i juli månad.

Sedley Francois.

A gentle hollow in the Slottshagen park forms a natural amphitheatre, making it the perfect venue for the annual *Kulijuli* – Jolly July – evenings of musical entertainment for the past 45 years. On Tuesday evenings, thousands of visitors have enjoyed performances by a wide spectrum of artists, from unknown beginners to established celebrities. Numerous budding entertainers have begun their careers here, often to return later as popular artists. In recent years, the host of the show Olle Larsson has extended the season from three to four Tuesdays to meet audience requests to hear their favourite performers. *Kulijuli* has become a well-established tradition and is one of the largest free events organized by the town council.

In 2013 *Kulijuli* was honoured with the Helsingborg Region Marketing Association's Guldkärnan – 'Golden Tower' – award for the Best Event of the Year. A well-deserved accolade and much appreciated by all those involved in its production.

See you there next July.

Ramlösaparken

Provinsialläkaren i Skåne, Johan Jacob Döbelius, undersökte i början av 1700-talet Ramlösavattnets egenskaper. Vattnet, som kom fram från källor i sandstensklippan innehöll bland annat järn i form av kolsyrad järnoxid, vilket innebar att det lätt kunde tas upp av kroppen, var enligt Döbelius nyttigt för åkommor som skörbjugg, darr i lederna, gikt, melankoli, svindel, huvudvärk, frossa, rinnande och röda ögon, kort och elak anda, hård och bortskämd mage, förstoppad lever, gulsot, mjältsjuka samt sten i njurarna och blåsan. Brunnsdrickningen vid Ramlösa hälsobrunn invigdes den 17 juni 1707.

De äldsta bostadsbyggnaderna i parken är villorna Salvia, Iris, Desideria, Bellis och Läkarvillan som byggdes för cirka 200 år sedan. Andra gamla byggnader av parkens drygt 20 hus är Varmbadhuset från 1805, Brunnskontoret från 1829 och Brunnslasarettet från 1836. Den 17 juni 1879 började Stora Hotellet, uppfört 1805, att brinna. Året därpå stod en ny byggnad, med i huvudsak dagens exteriör, färdig för hotell- och restaurangverksamhet. För cirka 20 år sedan byggdes huset om till kontor.

Vid studier på 1890-talet av de geologiska strukturerna i Ramlösaparken fann man samma formationer som vid Sofiakällan vid Hälsovägen vars vatten i koksaltkällan hade en sammansättning som överensstämde med berömda hälsokällor på kontinenten. Efter borrningar intill järnkällorna i den norra sidan av Ramlösaravinen fann man på 90 m djup ett alkaliskt-karbonatiskt vatten av högsta kvalité och 1897 var Ramlösa bordsvatten upptäckt. Under de första åren tappades och såldes bordsvattnet via apoteket Kärnan i Helsingborg. Den första vattenfabriken inrättades 1912 men redan 1916 byggdes en ny fabrik i dalen. Under 1940-talet utnyttjades byggnaderna i parken som flyktingförläggning av personer från tyska koncentrationsläger. Den gamla fabriken revs i början på 1970-talet när den nya fabriken stod klar på Ättekulla industriområde dit Ramlösavattnet pumpas i en cirka 1 600 m lång ledning.

Ramlösa Park

Johan Jacob Döbelius, the district medical officer for Skåne, investigated the properties of the water in Ramlösa at the beginning of the 18th century. The water, which came from sources in the sandstone cliff, contained, among other things, iron in the form of iron carbonate, which meant that it could be easily assimilated into the body. According to Döbelius, it was beneficial to sufferers of scurvy, shaking joints, gout, melancholia, vertigo, headaches, ague, running and red eyes, shortness of breath, hard and over-fed stomachs, constipated livers, jaundice, spleen, and kidney and bladder stones.

Ramlösa spa opened on 17 June 1707. The oldest houses in the park are those called Salvia, Iris, Desideria, Bellis and the Doctor's Residence, all of which were built just over 200 years ago. Other old buildings in the park, just over twenty in total, include the Bath House from 1805, the Spa Offices from 1829 and the Spa Hospital from 1836. On 17 June 1879 the Grand Hotel, built in 1805, caught fire. The following year a new building, essentially with the exterior we can see today and housing a hotel and restaurant, was completed. About twenty years ago it was converted into offices.

When the geology of Ramlösa Park was investigated in the 1890s, similar formations to those at the Sofia Source on Hälsovägen were found, where the composition of the water was similar to those found in famous spa waters on the continent. In 1897, after drilling next to the iron-rich sources in the northern side of Ramlösa Ravine, a high-quality alkaline carbonate water was found at a depth of 90 metres. Ramlösa table-water had been discovered.

Originally the water was drawn off and sold by the Kärnan chemist's shop in Helsingborg. The first bottling factory was opened in 1912 and a second one in 1916. In the 1940s the buildings in the park were used to house refugees from German concentration camps. The factory buildings were demolished at the beginning of the 1970s when a new factory was opened on the Ättekulla industrial estate, to which the Ramlösa water is now pumped via a 1,600-m-long pipe.

Region Skåne högtidlighöll den 26 augusti 2010 minnet av Ramlösa Brunnspark som mottagningsplats för stora flyktinggrupper av bland annat danskar av judisk härkomst 1943, Folke Bernadotteaktionen "Vita bussarna" 1945 och ungerska flyktingar 1956.

Med anledning av dessa humanitära insatser lät Region Skåne i samverkan med Helsingborgs stad uppföra minnesmärket "Bortom vågorna" skapat av det internationellt kända konstnärsparet Ulla och Gustav Kraitz.

Monumentet invigdes vid en ceremoni av kronprinsessan Victoria av Sverige och kronprins Haakon av Norge. Röda Korsets ordförande Bengt Westerberg och förutvarande ordförande i FN:s generalförsamling, ambassadör Jan Eliasson deltog vid invigningen.

En del av kronprinsessans tal:

– *Jag vill särskilt vända mig till dem av er som kom till Ramlösa Hälsobrunn som flyktingar, eller arbetade här i flyktingmottagningen. Ni är levande påminnelser för oss alla om vikten av att vi minns och lär av vår historia.*

Det monument vi nu avtäckt – Bortom Vågorna – vittnar om historiska skeenden för Sverige och för min familj där greve Folke Bernadotte, sonson till kung Oscar II, kom att ha en avgörande betydelse.

On 26 August 2010, Skåne Regional Council commemorated the role played by Ramlösa Brunnspark as a reception centre for large groups of refugees, including Danish Jews in 1943, prisoners-of-war rescued by Folke Bernadotte's White Buses mission in 1945, and Hungarian refugees in 1956.

As a tribute to these humanitarian efforts, Skåne Regional Council, in collaboration with Helsingborg Municipality, erected the *Bortom Vågorna* (Beyond the Waves) memorial created by the internationally famous artists Ulla and Gustav Kraitz.

The memorial was unveiled at a ceremony conducted by Crown Princess Victoria of Sweden and Crown Prince Haakon of Norway. The chairman of the Swedish Red Cross Bengt Westerberg and former Presi dent of the UN General Assembly and present UN Deputy Secretary-General Ambassador Jan Eliasson also took part in the ceremony.

In her speech the Crown Princess said, "I would like to address those of you who came to Ramlösa Brunnspark as refugees or who worked here at the refugee centre. You are living reminders for us all of the importance of both remembering and learning from our history. The memorial that we have now unveiled – *Bortom Vågorna* – bears witness to the course of historical events involving Sweden and my family, in which Count Folke Bernadotte, grandson of King Oscar II, came to have a decisive role."

Fredriksdal museer och trädgårdar

I samband med att Fredriksdal herrgård byggdes 1787 som sommarbostad planerades de engelska och franska parkerna. Ett drygt decennium senare vinterbonades huvudbyggnaden och de två flyglarna och ekonomibyggnader uppfördes. Efter hand blev Fredriksdal både en stor jordbruksenhet och en omfattande handelsträdgård. Gisela Trapp, änka efter konsul Oscar Trapp som var en av grundarna till Helsingborgs museum, donerade 1918 Fredriksdal till Helsingborgs stad. Avsikten med donationen var att skapa ett friluftsmuseum och en botanisk trädgård.

Fredriksdal museer och trädgårdar öppnade för publik 1923 och omfattar cirka 36 ha med bland annat parkanläggningar i flera olika stilar, en fruktträdgård med cirka 100 olika äldre sorter av äpplen, päron, körsbär och plommon, en rosenträdgård med cirka 500 olika typer av rosor samt en botanisk trädgård med Skånes vilda flora och nyttoväxter. Vidare finns stadskvarter med byggnader som flyttats hit från centrala staden och innehåller äldre hantverks- och affärslokaler samt gamla bondgårdar med åkrar, ängar, trädgårdar, skogar, beteshagar och lantrasdjur. Vid stadskvarteren ligger Grafiska Museet – det största tryckerimuseet i Sverige. Innanför höga häckar är en friluftsteater belägen.

Kulturmagasinet, som är en fristående institution inom Helsingborgs museer, är beläget intill stadskvarteren i en byggnad som uppfördes 1996 med medel ur Dunkers donationsfond. På en golvyta om cirka 8 000 m² finns alla funktioner som erfordras för att kunna bevara alla museets föremål.

Midsommarfirande på Fredriksdals museer och trädgårdar. Midsummer celebrations *at Fredriksdal Museum and Gardens.*

Fredriksdal Museum and Gardens

When Fredriksdal Manor was built 1787, as a summer residence, plans were also made to create the two parks in English and French style. Just over ten years later, the house was converted for all-year use and the two wings and farm buildings were built. Fredriksdal gradually became a large farm with an extensive market garden. Gisela Trapp, Consul Oscar Trapp's widow and one of the founders of Helsingborg Museum, donated Fredriksdal to the town in 1918. The idea was to transform Fredriksdal into an open-air museum and a botanical garden.

Fredriksdal Museum and Gardens was opened to the public in 1923. The property covers an area of about 36 ha (90 acres) and includes differently styled gardens, an orchard with around 100 different types of apples, pears, cherries and plums, a rose garden with around 500 different types of roses and a botanical garden where Skåne flora and medicinal plants can be seen. There is an old town quarter, with a variety of businesses and shops housed in old buildings from central Helsingborg. There are also old farmhouses in natural settings and stocks of native breeds of farm animals. The Printing Museum, the largest of its kind in Sweden, was built in 1995.

Kulturmagasinet, the "culture store", is an independent institution within Helsingborg Museums. It is situated in the old town quarters in an 8,000-m² building that was built in 1996 and was financed by Dunkers Donationsfond. This is where the town museums' collections are stored and looked after.

C. E. HEDSTRÖM
AKTIEBOLAG

Midsommarfirande på Fredriksdals museer och trädgårdar.

Midsummer celebrations *at Fredriksdal Museum and Gardens.*

Mikaeli marknad hålls sista söndagen i september varje år.

The annual Michaelmas Market *is held on the last Sunday in September.*

MUSEUM

Fredriksdalsteatern är anlagd 1927 efter fransk förebild med tuktade häckar av lind och avenbok. Sedan 1932 har på friluftsteatern under sommaren spelats många olika skådespel. Nils Poppe var chef från 1966 till 1994 då Eva Rydberg tog över teaterdirektörsrollen.

Fredriksdal Theatre is an open-air theatre that was laid out in 1927, in French style with pruned hedges of lime and hornbeam. Plays have been performed here every summer since it was opened in 1932. Nils Poppe was in charge of the theatre from 1966 until 1994, when Eva Rydberg took over as director.

Sommaren 2013 på Fredriksdalsteatern. Eva Rydberg 20-årsjubilerar som chef för teatern och hade Skandinavienpremiär på scen för den kultförklarade brittiska TV-serien 'Allo 'Allo - emliga armén.

Bakom maskerna hittade vi från vänster övre raden: Stefan Jönsson, Mats Nilsson, Kim Sulocki, Birgitta Rydberg, Robert Rydberg, Magnus Skog. Andra raden från vänster: Lotta Aldgård, Linnea Lexfors, Karin Bergquist, Eva Rydberg, Sven Melander, Anna Bromée, Håkan Mohede, Mathilde S Hedbrand. Nedre raden från vänster: Tony Lundgren, Kalle Rydberg, Ulf Dohlsten, Fredrik S Hedbrand.

The 2013 summer season *at Fredriksdal Theatre. Eva Rydberg celebrated her twentieth year as theatre manager and premiered the Scandinavian stage version of the British TV cult comedy classic 'Allo 'Allo.*

Nordens största tryckerimuseum Grafiska Museet byggdes 1995 efter ritningar av äldre byggnader i staden.

Under sommarsäsongen maj till september är museet öppet under veckans alla dagar och resten av året måndag–fredag.

Aktiviteterna på museet varierar från dag till dag: ett handgjort papper blir till ett konstverk, en ny bok skall sättas både för hand och maskin, ett brevpapper går i tryck, servetter får sitt monogram i guld, en gästbok binds med läderband och mycket, mycket mer. Varje dag är full av liv och verksamhet.

I stort sett varje år visas olika temautställningar som går i hand med det tryckta ordet.

Tel: 042-10 45 24. www.grafiskamuseet.se

During the summer season, from May until September, the Printing Museum is open seven days a week. During the remainder of thc year, the museum is open Monday to Friday.

A day at the museum is always unique: a sheet of handmade paper can become a work of art, a book might be typeset by hand or by machine, there could be an order for personal stationery or for a gold monogram to be printed on a pack of serviettes, the bookbinder might give a visitor's book a beautiful leather binding as a finishing touch.

GRAFISKA MUSEET
FREDRIKSDAL — HELSINGBORG
Nordens största levande tryckerimuseum
— ett besök att minnas —
www.grafiskamuseet.se info@grafiskamuseet.se

SAXA LOQUUNTUR

TENNSMEDEN

Jul på Fredriksdal – traditionell julmarknad fredag–söndag i anslutning till 2:a advent.

Christmas time at Fredriksdal. *The traditional Christmas Market is held on the Friday to Sunday that coincides with the second Sunday in Advent.*

Sofiero slott och slottsträdgård

Sofiero slott var kung Gustav VI Adolfs sommarbostad. Här växer hans berömda rhododendronsamling och kronprinsessan Margaretas vackra blomsterrabatter. Slottet och parken runt omkring är en av Helsingborgs största turistattraktioner med många besökare från både Sverige och utlandet.

Sofiero utsågs som första svenska park till nummer ett i den prestigefyllda tävlingen Europas vackraste park 2010. Den internationella juryn valde parken med motiveringen att ”hela Sofiero är som ett stort konstverk med omfattande historia”.

Varje vår och sommar blommar cirka 10 000 rhododendronbuskar med 300 olika arter och 300 hybrider.

I parken finns restaurang och café samt slottsbutik och blomster- och trädgårdshandel.

Sofiero Palace and Gardens

Sofiero Palace was the summer residence of King Gustav VI Adolf. Visitors can now enjoy his famous collection of rhododendrons and Princess Margareta's beautiful flower beds. The palace and its surrounding gardens are one of Helsingborg's greatest tourist attractions, enjoyed every year by thousands of Swedish and foreign visitors. Every spring and summer some 10,000 rhododendron bushes, comprising 300 different species and 300 hybrids, can be seen in bloom.

Sofiero was the first Swedish park to be awarded top prize in the prestigious Europe's Best Park competition in 2010. The international jury motivated its choice with the words "Sofiero is a total work of art with a comprehensive history".

In the main building there is a restaurant and café, and in the grounds there is a gift shop as well as a florists and gardening shop.

1994 påbörjades en omfattande restaurering av de tidigare oanvända övre våningarna av slottet för att omvandlas till olika utställningsrum. Den första utställningen invigdes i augusti 1994 och visade på prinsessan Margareta och prins Gustav Adolfs, sedermera kung Gustav VI Adolf, livsverk. Ett litet kuriosum är att man vid ombyggnaden fann att kungen varit extra försiktig med sitt apanage då han undvikit att måla golvytor där mattorna täckte över. De båda badrummen var patriotiskt målade i gult och blått med badkar i samma färg.

In 1994, extensive renovation work was begun to convert the previously unused upper floors of the palace into exhibition rooms. The first exhibition was opened in August 1994 and the theme was the lifeworks of Princess Margareta and Prince Gustav Adolf, later to become King Gustav VI Adolf. As a matter of curiosity, during the renovation work it was found that the king had been most careful with his appanage as he had avoided painting the parts of the floors that were not covered by carpets. Both bathrooms were decorated in the patriotic colours of yellow and blue – even the baths were painted in matching colours.

Kunglig släktträff. Cirka 40 medlemmar ur Bernadottesläkten har samlats på trappan för familjefotografering. Kung Carl XVI Gustaf och danska dronning Margrethe står i mitten omgivna av sina familjer.

Royal family gathering. *Around 40 members of the Bernadotte family are seen gathered on the palace steps for a family photograph. King Carl XVI Gustaf and the Queen Margrethe of Denmark, in the centre, are surrounded by their respective families.*

Den 3 juni 2005 samlades delar av släkten Bernadotte till en släktträff för att uppmärksamma 100-årsjubileet av att dåvarande prins Gustav Adolf och hans gemål prinsessan Margareta erhöll Sofiero med trädgård i bröllopsgåva av kung Oscar II.

Kung Carl VI Gustaf klippte bandet till jubileumsträdgården, en hyllning till hans farmor prinsessan Margareta. Prinsessan var även mormor till Danmarks dronning Margrethe som samma dag invigde tre nyplanterade rabatter som anlagts efter skisser från Bernadottebiblioteket.

On 3 June 2005 members of the Bernadotte family gathered to mark the 100th anniversary of the then Prince Gustav Adolf and his consort Princess Margareta receiving Sofiero and its gardens as a wedding gift from King Oscar II.

Kung Carl VI Gustaf cut the ribbon at the entrance to the jubilee garden, created as a tribute to his paternal grandmother Princess Margareta. The princess was also the maternal grandmother of Denmark's Queen Margrethe who, on the same day, inaugurated three newly planted flower beds based on design sketches from the Bernadotte Library.

Gentlemannamässigt skyddar kung Carl XVI Gustaf sin farbror Carl Johan mot regnet vid trädplanteringen.

Like a true gentleman, *King Carl XVI Gustaf protects his uncle Carl Johan against the rain at the tree planting ceremony.*

21 april 2005 invigde drottning Margrethe sin egen konstutställning på Sofiero slott.

On 21 April 2005 *Queen Margrethe II of Denmark opened her own art exhibition at Sofiero Palace.*

Kung Carl XVI Gustafs farbröder. Till vänster Carl Johan (1916–2012) med hustrun Gunnila och till höger Sigvard (1907–2002) med hustrun Marianne.

King Carl XVI Gustaf's uncles. To the left, Carl Johan (1916–2012) with his wife Gunnila and, to the right, Sigvard (1907–2002) with his wife Marianne.

Publika konserter på Sofiero. Björn Skifs, Leonard Cohen, Lars Winnerbäck, Mark Knopfler, Mando Diao, Tomas Ledin och många fler kända och uppskattade artistnamn är det som genom åren lyft stämningen på Sofiero under njutbara sommarkvällar. BAO, med andra ord Benny Anderssons orkester, har varit här förr och är lika populära som alltid. Här finns det även plats för dans till orkesterns toner och sång av Helen Sjöholm och Tommy Körberg.

Public concerts at Sofiero. *Over the years, Swedish artists such as Björn Skifs, Lars Winnerbäck, Mando Diao and Tomas Ledin and international giants such as Leonard Cohen and Mark Knopfler have entertained crowds of thousands at wonderful summer evening concerts. Former ABBA member Benny Andersson and his orchestra, BAO for short, have appeared here before and are as popular as ever. There's even an outdoor floor for dancing to their music and singers Helen Sjöholm and Tommy Körberg.*

DEN STORA TRÄDGÅRDSFESTEN. En härlig mässa för alla trädgårdsälskare som lockar folk i tusental till Sofiero i slutet av augusti månad. 2013 var det för 17:e gången som hela slottsparken var full av blomsterkreationer i alla färger och innovativa utställningar med försäljning och värdefulla tips till de som vill förändra eller förnya sina trädgårdar. Årets tema var hållbarhet och återvinning. Blomstertavlan Aladdins matta bestående av 5 000 väldoftande rosor skapades av konstvetaren Christina Högardh-Ihr.

THE GREAT GARDEN FESTIVAL. *A wonderful annual occasion for all garden lovers that attracts visitors to Sofiero by the thousands at the end of August. The 17th festival was held in 2013 and saw the palace grounds full of colourful floral creations. There were also numerous innovative stands selling gardening products and offering valuable tips to those wanting to change or rejuvenate their gardens. The theme this year was sustainability and recycling. The floral installation* Aladdin's carpet, *comprising 5,000 fragrant roses, was created by art historian Christina Högardh-Ihr.*

Jul på Sofiero med ljusstämning i vintermörkret.

Christmas time at Sofiero, *attractively lit in the winter darkness.*

Landborgspromenaden

Landborgen i Helsingborg har en unik naturgeografisk och kulturhistorisk bakgrund. Den höjer sig mellan 20 och 40 meter över havet och är resultatet av landhöjningen efter inlandsisens avsmältning.

Stora delar av Landborgen har aldrig bebyggts och utgör på så sätt ett sammanhängande grönt band av skogsdungar, åkermark och parker.

Vi startar vår vandring på Landsborgspromenaden strax intill Sofiero som vi nu besökt och fortsätter söderut mot stadens kärna via en av Helsingborgs gröna lungor, Pålsjö skog. Här uppe har vi en hänförande utsikt mot Danmark medan vi hör fågelsången och vindens sus i bokskogen. Pålsjö skogspaviljong rekommenderas för sina goda frasiga våfflor, om ni redan känner ett sug i magen. Snart kommer vi till mera otillgängliga ställen på vår vandring där det blir alltför svårt för dem som har svårt att gå i trappor eller med barnvagn, de får ta en omväg via den charmiga stadsdelen Tågaborg och ansluta längre söderut. Väl ovanför stadens alla hus så anträder vi en ny spännande del av Landborgspromenaden. Här finns många historiska platser att upptäcka och även kaféer där man kan ta en skön paus, om man nu missade paviljongen i Pålsjö skog. Drick nu klart ditt kaffe och promenera vidare mot de södra delarna av staden, upplev en ny kultur på din väg via intressanta Jordbodalen och Ramlösaravinen till det historiska Ättekulla. Snart når du Raus kyrka och Rååån som är en historisk vattenled som mynnar ut i det pittoreska fiskeläget Råå. Tänk bara på att du nu är *på* Råå och inte *i* Råå, för det gillar inte de som bor där…

Hela 14 kilometer har du tillryggalagt om du orkat hela sträckan, lycka till!

Vi ses på Landborgspromenaden!

The Landborgen cliff-top walk

The coastal cliff in Helsingborg, the *landborgen*, has a unique physical geography and cultural history background. It rises some 20 to 40 m above sea level and is the result of land rise after the last ice age. Large areas of the cliff top have never been built on and now make up a continuous green belt of small woods, farmland and parks.

Our 14-km walk along the top starts close to Sofiero Palace, where we have just paid a visit, and continues south towards the centre of Helsingborg via one of the town's magnificent green lungs, Pålsjö forest. From here, enchanting views towards Denmark can be enjoyed while listening to birdsong and the murmur of the wind in the beech trees. If you are feeling a bit hungry, we can recommend *Pålsjöpaviljongen* – its crispy waffles are really tasty. Further along the walk there are some rather awkward stretches if you have difficulty climbing steps or have brought a pram. You will have to take a detour through the attractive district of Tågaborg and join up with the path further south. Well inside the town itself and high above its central parts there is a new and exciting section of the walk. There are numerous historical sights and cafés too, places you can have a well-earned break if you missed the pavilion in Pålsjö forest. Enjoy a cup of coffee and continue your walk to the southern parts of the town. New cultural experiences await on your way through the Jordbodalen valley and the Ramlösa ravine to historical Ättekulla. It's then not far to Raus Church and the River Rååån, a historical waterway with its outflow in the picturesque village of Råå where the walk ends.

År 1430 nämns Pålsjö slott som Pawelskiøb men är troligen betydligt äldre. Den slottsbyggnad som finns i dag har sitt ursprung från 1600-talet men vissa grundmurar är ännu äldre. Byggnaden förstördes och plundrades under krigen mellan Danmark och Sverige. Efter 1710 års krig skövlade den svenska armén slottet och vandaliserade slottsparken och jordbruksmarken. På 1720-talet återuppbyggdes slottet vilket putsades i slutet på seklet och byggdes om 1873.

På egendomen har under århundradena, förutom jordbruk och trädgårdsnäring, bedrivits industriell verksamhet som stenkols- och lerbrytning, slipstenstillverkning, tegelbruk, kalkbruk, bränneri och fajanstillverkning.

Slottsparken är berömd för dels sin 160 m långa överväxta avenboksallé som planterades för cirka 240 år sedan och dels buxbomslabyrinterna väster om och intill slottet.

Pålsjö Manor was recorded as *Pawelskiøb* (Paul's purchase) in 1430, although the estate most probably dates back even further. The manor dates back to the 1600s although some of the foundation walls are much older. The original building was later destroyed and plundered during the wars between Denmark and Sweden. After the 1710 war, the Swedish army sacked Pålsjö Manor and the surrounding farms, and vandalized the manor gardens and its farmland. The manor was rebuilt in the 1720s and the facades were rendered at the end of the century. It was rebuilt again in 1873 and has since then remained unchanged.

Besides being used for farming and horticulture, the grounds have, for hundreds of years, been the site of a wide range of industrial activities including coal and clay mining, grindstone manufacturing, brick making, lime production, distilling and faience production.

The manor park is famous for its 160-m-long overgrown hornbeam avenue, planted about 240 years ago, and its box mazes on the western side of the manor.

År 1824 byggde Sven Andersson, möllaren från Össjö vid Ängelholm, sin mölla på den kvarvarande grunden av en tidigare mölla från 1700-talet som hade fått förfalla. Damm, kanalsystem och några detaljer från kvarnverket kunde användas, men av själva byggnaden återstod endast grunden. Sven uppförde en typisk nordvästskånsk korsvirkesbyggnad av ektimmer, övertäckt av ett halmtäckt sadeltak. Han flyttade in tillsammans med sin hustru Cecilia och nu malde man mjöl till det intilliggande Pålsjö slotts ägare och till andra spannmålsodlare i grannskapet.

Möllevångsgillet sköter visningarna sedan 1988 och möllan visas två timmar varje söndag från den 1 maj till andra söndagen i september i samband med Kulturarvsdagen.

In 1824, Sven Andersson, the miller from Össjö near Ängelholm, built his mill on the remains of the foundations of an earlier 18th century mill that had fallen into disuse. The millpond, mill race and a few parts of the workings could be reused but all that remained of the building itself were its foundations. Sven erected a half-timbered building of oak with thatched gable roof in typical North-western Skåne style. He moved in with his wife Cecilia and began to grind flour for the owner of the neighbouring Pålsjö Manor and other local grain farmers.

Since 1988, Möllevångsgillet – the mill guild – has organized viewings of the mill. It is open to the public for two hours every Sunday from 1 May until the second Sunday in September when the annual European Heritage Days are held.

Flygbilden synliggör landborgens sträckning söderut med den gröna delningen mot de centrala delarna av staden.

This aerial photograph, *looking towards the south, shows the greenery of the coastal cliff top bordering the central parts of the town.*

De båda panoramabilderna visar den hänförande utsikten som ges från Landborgspromenaden över staden och mot grannlandet Danmark.

These two panoramas *show the fascinating views from the cliff-top walk over the town and towards neighbouring Denmark.*

En vandring längs landborgen kräver ibland lite trevliga stopp för att orka hela vägen. Har man ingen egen matsäck med så är det gamla Våffelbruket på Möllebacken strax intill Bergaliden ett njutbart ställe med fin utsikt. Hela platsen andas 1700-tal och man sitter intill den gamla Stubbamöllan som en gång var verksam på Söder och de övriga byggnaderna, ryggåsstugan Holmagården och Klockarestugan, från Arild. Här serveras lunch och kaffe för den som så önskar.

A walk along the cliff top sometimes requires a stop for refreshments, especially if you intend to cover the whole route. If you don't have anything with you, then the old waffle baker's shop at Möllebacken, near Bergaliden, is an excellent stop for either lunch or coffee. The old Stubbamöllan – the post mill – that used to be in operation in the Söder district and the cottages Holmagården and Klockarestugan give the setting a genuine 18th century atmosphere.

1. Ångtegelgropen. 2. Sundspärlan, Jordbodalen. 3. Närlunda. 4. Gåsebäcksdammen. 5. Elineberg. 6. Harlyckans idrottsplats.

1. Ångtegelgropen – the clay pit. 2. Sundspärlan – People's Park, Jordbodalen Valley. 3. Närlunda. 4. Gåsebäcksdammen Pond. 5. Elineberg. 6. Harlyckans Sports Ground.

På vår väg söderut genom stadsdelen Söder passeras de intressanta kyrkogårdarna från 1800-talet som beskrivs av Kenny Lindquist i tidigare kapitel. Längs promenaden ser vi Gustav Adolfsskolan, en ståtlig byggnad som uppfördes i slutet av 1800-talet efter den kända arkitekten Alfred Hellerströms ritningar. Därefter Furutorpsparken och den gamla lertäkten Ångtegelgropen, där leran togs till det rödbruna Helsingborgsteglet som bland annat användes till Helsingborgs rådhus.

On our journey southwards through Söder we pass the 19th century cemeteries mentioned by Kenny Lindquist in an earlier chapter. Our walk takes us past Gustav Adolfsskolan, a magnificent school building from the end of the 19th century designed by the well-known architect Alfred Hellerström. We then pass Furutorpsparken and Ångtegelgropen, the old clay pit from where the clay for the typical red-brown Helsingborg brick, used among other things for the town hall, was excavated.

Folkets park invigdes 1 maj 1895 och på 1920-talet uppfördes här Nordens största danspaviljong och en fin teaterscen som upplevt många kända artister genom åren. 1982 fick parken dess nya namn Sundspärlan och här har tusentals människor svängt om i dansens virvlar till kända dansband och njutit av underhållande krogshower. Sundspärlan valdes till Årets Folkpark 1994. Förutom att vara ett populärt dansställe så är det idag även en av Sveriges största konferensanläggningar.

I området ligger också Miljöverkstaden och en fin djurpark som lockar till en lämplig paus i vår vandring.

Folkets park – the People's Park – was opened on 1 May 1895 and in the 1920s the largest dance pavilion in Scandinavia and a splendid theatrical stage, where many famous artists have performed, were built here. In 1982 the park was given its present name *Sundspärlan* – the Pearl of the Sound – an apt name for a venue where thousands of visitors have danced to famous bands and enjoyed entertaining cabarets. *Sundspärlan* won the People's Park of the Year award in 1994. The establishment is also one of Sweden's largest conference centres.

Miljöverkstaden – the Environmental Workshop – and a fine zoo are also situated in the same grounds and offer a suitable spot for a pause during our walk.

Jordbodalen, här rinner den lilla Gåsebäcken, ett värdefullt stycke natur i staden för både människa och djur. I ravinens kanter ser man tydligt berggrunden av sandsten vägen ner mot Gåsebäcksdammen.

The tiny Gåsebäcken stream *flows through the Jordbodalen valley, a valuable stretch of nature in the town for both people and animals. The sandstone bedrock is clearly visible in the sides of the ravine leading down to the Gåsebäck pond.*

På vägen mot vårt mål, Raus kyrka och Råån, passeras välkända platser som Ramlösa brunnspark och gravfältet på Ättekulla och dess intilliggande intressanta naturreservat. Här kan man finna den höga orkidéen skogsknipprot (*Epipactis helleborine*) och kanske få möta Helsingborgs kommunfågel stenknäck (*Coccothraustes coccothraustes*). Ett besök på Raus stenkärlsfabrik i området är sevärt, bästa tiden är när en bränning är på gång, oftast på sommaren.

Inte långt från Raus kyrka vandrar vi strax intill Gröte hög, den stora gravhögen från bronsåldern. Idag en av de bättre boplatserna för områdets kaninstam.

On the way to our final destination, Raus Church and the River Råån, we pass well-known places such as Ramlösa Spa and the Ättekulla grave-field and its neighbouring nature reserve. This is where you can find the broad-leaved helleborine orchid *(Epipactis helleborine)* and perhaps catch a glance of the official bird of Helsingborg, the hawfinch *(Coccothraustes coccothraustes)*. The nearby Raus Stoneware Factory is well worth a visit and the best time to do this is when the kiln is fired, usually in the summer.

Not far from Raus Church is *Gröte Hög*, a large Bronze Age burial-mound. Today it is a popular home to the families of rabbits in the area.

Efter 14 kilometers vandring, trötta ben och en mage som kanske burrar av en aning för mycket kaffe, eller Zoegas som man säger här i stan, så har vi nått vårt mål, Raus fina 1100-tals kyrka som lyser vit mot den blå himlen. Alldeles intill rinner Rååan som har sin början vid Sireköpinge.

Orkar man inte promenera samma väg tillbaka så upptäck gärna det gamla fiskeläget Råå för att sedan ta bussen till utgångspunkten.

After a 14-kilometre walk, with tired legs and a rumbling stomach from too much coffee, we reach our final destination, the splendid 15th century Raus Church, shining white against a clear blue sky. And just next to it is the River Rååan that has its source near Sireköpinge.

If you can't manage a return walk to the start, you can always visit the old fishing village of Råå and then take the bus instead.

9
4
6
7
8

På flygfotot ges en överblick av sevärdheternas placering på den sista delen av vandringen på Landsborgspromenaden.

1. Ramlösa.
2. Ättekulla gravfält.
3. Ättekulla naturreservat.
4. Raus stenkärlsfabrik.
5. Gröte hög.
6. Starrkodders hög.
7. Raus kyrka.
8. Råån.
9. Råå.

Aerial photograph *showing the points of interest on the last section of the cliff-top walk.*

1. Ramlösa.
2. Ättekulla burial mound.
3. Ättekulla nature reserve.
4. Raus stoneware factory.
5. Gröte hög burial mound.
6. Starrkodders hög mound.
7. Raus Church.
8. River Råån.
9. Råå.

Råå
– en gång Sveriges största fiskeläge

Under äldre medeltid utnyttjades området vid Rååns mynning som säsongsmässig fiskeplats. Öresund och stranden var allmänning vilket innebar att alla hade rätt att fiska om inte kungen utfärdat förbud. Under 1600-talet blev bosättningen permanent på Råå fiskeläge vars område låg inom Raus sockens fäladsmark.

Efter att Gustaf III i juli 1788 förklarat Ryssland krig, anföll ryska marinfartyg Råå natten till den 10 augusti samma år. De flesta av lägets hus förstördes men byggdes snart upp igen och fiskeläget växte successivt. De gatusträckningar och gångstråk som skapades då är kvar nu 200 år senare. Den första hamnen anlades på 1850-talet.

På Råå var spritsmugglingen från Själland under mitten av 1800-talet mycket omfattande. Den utfördes av skickligt sjöfolk och var accepterad av de flesta på läget. Bara tullen ansåg den brottslig. Otaliga är de historier om hur rååborna lurade tullverkets personal.

Under decennierna vid förra sekelskiftet ansågs Råå vara Sveriges största fiskeläge med många skickliga yrkesfiskare. Den 1 januari 1918 blev Råå en stadsdel i Helsingborg.

Råå

– once Sweden's largest fishing port

In the early Middle Ages, the area around the River Rååan estuary was the site of a seasonal fishing community. The Öresund Sound and the beach were common property, which meant that anyone could fish here unless forbidden to by the king. In the 17th century, Råå fishing village became a permanent settlement in the Parish of Raus.

Gustaf III declared war against Russia in July 1788 and the Russian fleet attacked Råå on 10 August. Most of the houses in the village were destroyed but they were soon rebuilt and the village slowly began to expand. The original streets and paths can still be seen more than 200 years later. The first harbour was built in the 1850s.

In the middle of the 1800s, smuggling of liquor from Zealand, just across the sound, was widespread. Skilled seamen from the village were deeply involved and it was accepted by most of the local inhabitants. Only the customs officers regarded it as illegal. Stories about how the locals fooled them abound.

At the turn of the century in 1900, Råå was regarded as the largest fishing port in Sweden. Råå became a district of Helsingborg in 1918.

Råå vallar

En historisk plats som lätt glöms bort när man njuter av sol och bad här. Ute på redden ankrade den 29 juni 1676 cirka 700 fartyg ur den danska flottan för att ta över Helsingborg, vars styre överlämnade stadens nycklar till kung Kristian V. Kungen tog stadens invånare under sitt beskydd och stred mot den svenska garnisonen på Helsingborgs slott. Svenskarna kapitulerade den 4 juli.

Svenska kungen Karl XII beslöt år 1709 att anlägga försvarsverket Råå vallar med en längd av cirka 2 000 m men den kom aldrig till användning. Idag återstår cirka 800 m av befästningen och är sedan lång tid en av stadens välbesökta badplatsområde.

Intill ligger en av Helsingborgs största campingplatser med namnet Råå Vallar Resort. En fyrstjärnig camping som erbjuder allt från tältplaster till trivsamma stugor. Egen restaurang Lime krog och bar förgyller utbudet.

Råå Vallar Earthworks

It is easy to forget that this is a historical site when enjoying a sunny day here on the beach. On 29 June 1676, 700 boats of the Danish navy anchored off Råå, intent on capturing Helsingborg. On board was King Kristian V, who was given the keys to the town by its officials. The king then promised the town's citizens royal protection and attacked the Swedish garrison in Helsingborg Castle. It capitulated on 4 July.

In 1709 the Swedish king, Karl XII, ordered the construction of the 2-kilometre-long Råå Vallar Earthworks. The defence lines, however, were never needed. Today, Råå Vallar is one of the town's most popular bathing beaches.

One of Helsingborg's largest camping sites, Råå Vallar Resort, is situated nearby. This is a four star establishment offering both tent sites and comfortable cabins. Their *Lime krog* restaurant and bar is very popular among the resort's guests.

Fika, äta och sova på Råå

Gatuskyltarna på Råå visar klart att man är i ett gammalt fiskeläge. ”Havet suger”, brukar man ju säga och här är några av de goda matställen som ger njutning på Råå.

Trivas på Råå med hotelldel och spa kan säkert också locka till att stanna lite extra länge.

Vi Två på Råå med inriktning på husmanskost i hemmamiljö. Med idén ”Kock för en dag” bjuder de in alla som vill dela med sig av sin specialitet man älskar att bjuda på.

Råå Wärdshus – närmare hamn och hav kan man inte komma.

Where to eat and stay in Råå

The names on the street signs clearly indicate that Råå is an old fishing village. And, as it is often said that sea air will give you an appetite, here are a few venues where you can satisfy your hunger.

Vi Två på Råå specializes in traditional Swedish dishes cooked in a home environment. Its 'Chef for a Day' concept provides an opportunity for aspiring chefs to prepare their own favourite recipes for the restaurant's guests.

Råå Wärdshus – this restaurant is located as close to the sea and the harbour as you can get.

Besides being a popular restaurant, *Trivas på Råå* also offers accommodation and spa facilities and will certainly make you want to extend your stay.

Råå museum för fiske och sjöfart

Museet skildrar hur Råå läge en gång var format av sin inriktning på fiske och sjöfart. Vandra runt i en minnesrik miljö fyllt av fiskeredskap, små rum som visar fiskarens vardag såsom byssan och kokvrå i en "stua". Här bland fartygsmodeller av gamla seglarskepp är det lätt att drömma sig bort. Ett helt rum är fyllt med olika båtmotorer och navigationsinstrument och i ett annat rum kan du se hur man bygger ihop flaskskepp. Mycket uppskattat är den gamla lanthandelsboden i original samt segelbåten Golden Lady som ensamseglaren Kurt Björklund använde på en av sina tre världsomseglingar. Museet drivs av Råå museiförening.

www.raamuseum.se

Råå Museum of Fishing and Shipping

The museum, run by the Råå Museum Association, shows how the growth of the village of Råå was influenced by its involvement in fishing and shipping. There are plenty of vivid reminders of yesteryear, such as models of old sailing ships, rooms full of fishing tackle and there is even a tiny kitchen from a fisherman's cottage. One of the rooms is full of old boat engines and navigation instruments, and in another you can see how to put a ship in a bottle. An original old country store and the sailing yacht Golden Lady, skippered single-handed by Kurt Björklund on his three circumnavigations of the world, are very popular exhibits.

VET DU att det finns cirka 30 000 olika knopar?

DID YOU KNOW *that there are around 30,000 different knots?*

VAR REDO!

Så ska du tänka när du träder över tröskeln till Nordvästra Skånes Scoutmuseum som är beläget i Raus församlingsgård.

Här finns det mesta som rör denna stora världsomfattande organisation. Här upplever man många roliga och spännande utställningar samt intressanta samlingar som säkert påminner om en hel del som många av oss upplevt av scouting. Museiföreningen som driver museet håller det levande genom olika aktiviteter. Nordvästra Skåne har varit i centrum för Jamboreer med scouter från hela världen och här har vår kung ofta varit en aktad deltagare. Kungen är hedersscout i Svenska Scoutförbundet, och sedan 1977 även hedersordförande i World Scout Foundation.

www.nvsscoutmuseum.se

BE PREPARED!

That is what you should be thinking when you visit the Northwestern Skåne Scout Museum located in Raus parish hall.

Nearly everything connected with this worldwide organisation can be found here. There are lots of exciting exhibits as well as interesting collections that will certainly bring back memories. The association running the museum keeps up interest by organizing a range of different activities. Northwest Skåne has hosted jamborees for scouts from all over the world and the Swedish king, Honorary Chairman of the World Scout Foundation since 1977, has often taken part in its events.

Brandkårsmuseet på Råå, med alla sina klenoder från tidigt 1900-tal, väcker säkert drömmen som du hade i unga år att köra brandbil. Ring för visning 042-22 86 26.

THE FIRE SERVICE MUSEUM *in Råå, with all its priceless exhibits from the early 1900s, will most certainly revive your childhood dreams of driving a fire engine.*

Phone 042-228626 for a viewing.

SVENSKA SPEL
ATG
P
15 min

En lång tradition som lockar ut tusentals människor är julskyltningen på Råå, som alltid sker söndagen före första advent. Den arrangeras av Råå Julmarknadsråd med deltagande föreningar. Försäljning av lotter, glögg etc, pågår mellan klockan 13.00 till 20.00. Vid 15-tiden blir det dans kring granen på Ruben Rausings torg och lagom till kvällningen går det stora tomtetåget längs Rååvägen där alla föreningar deltar med härliga ekipage.

The traditional Christmas window displays in Råå, held on the Sunday before Advent Sunday, attract thousands of people. The event is organized by the Råå Christmas Market Committee and a number of local organisations.

Lottery tickets, mulled wine, etc. are sold during the afternoon and at 3 o'clock you can dance around the Christmas tree in Ruben Rausings torg, one of the village squares. Just before evening falls, there is a grand parade of Christmas floats along Rååvägen in which all the local associations and clubs take part.

Ta mig till havet

Oh! I do like to be beside the seaside...

Sundets pärla

Helsingborg – Sundets pärla säger rätt mycket. Staden ligger så nära Öresunds rand och har till och med tagit en del av sundet för att utveckla staden. Stiger havsnivån så får man väl börja om igen. I vilket fall som helst så är Helsingborg utan tvivel Sundets pärla.

Gå gärna upp en tidig morgon och se alla dessa personer som kommer vandrande genom staden i sina morgonrockar, och ni förstår namnet. Sannerligen är det inte många av Sveriges städer som har stränderna mitt i stan. Detta fascinerar och lockar, det känns på något sätt som i sydligare breddgrader, för här ligger stranden med riktiga palmer om sommaren och alldeles intill flera strandkrogar och serveringar. Kan man ha det bättre? Nej, förmodligen inte…

The Pearl of the Sound

Helsingborg is known as *Sundets pärla* – the Pearl of the Sound – and this is a very well-deserved accolade. The town stands as close as you can get to the Öresund Sound and its coastal setting has always played a major roll in its development. However, if the sea level starts to rise, we might just have to do some serious rethinking…

Helsingborg is special in more ways than one. Just get up early one morning and you will be amazed by the number the people walking through the streets in their beach robes – not many town centres in Sweden have their own bathing beach! There is even a beach that boasts real palm trees in the summer. And, of course, there are numerous delightful shoreside restaurants and cafés. Could it get any better? Most probably not.

Hundar får
ej vistas på
badplatsen.

Strandpromenaden utvecklades och byggdes om för några år sedan och blev i många stycken en hit. Gröningen, som det idag kallas, är den absolut mest använda bad- och rekreationsplatsen i Helsingborg. Fram till 1991 var detta en enda stor rangerbangård, något man idag har svårt att tro. Med det stora trädäcket och bryggorna har man skapat en plats som sjuder av liv från tidig morgon till sen kväll. I området finns en kreativ lekplats, minigolf och boulebanor. Dusch efter badet, toaletter, grillplatser och restauranger skapar den höga kvalitén på stadens badplatser.

The shore promenade *was remodelled a few years ago and has become a great success. The Gröningen park soon fills up on fine summer days – you have to be here early to claim a good spot. The bathing jetties, accessed from the wooden decking along the shore, are in constant use from early morning till late at night. This is the way to enjoy life in Helsingborg! The park also features an adventure playground, a crazy golf course and pétanque lanes. Showers and toilet facilities, barbecue areas and restaurants also contribute to the high standard of this popular shoreside park.*

Kallis – Helsingborgs nya kallbadhus intill Gröningen återinvigdes juni 2012. Kallis håller öppet året runt och här finns möjligheten till nakenbad för både kvinnor och män separat. Nya Kallis har handikappbad och en bastu med panoramautsikt mot Öresund.

I byggnaden intill finns restaurang Sillen och Makrillen.

Bilden till höger: Flygbild över Gröningen med Kallis och Fria bads sandstrand överst i bild.

Kallis – *Helsingborg's open-air bathing centre next to the Gröningen park was re-opened in June 2012 after being fully refurbished. Kallis is open all year round and for those who enjoy nude bathing there are separate sections for male and female visitors. There are also bathing facilities for the disabled and a sauna with a panoramic view of the Öresund Sound.*

The Sillen och Makrillen, 'the herring and the mackerel', restaurant is situated immediately to the north of Kallis.

Photograph to the right: The Gröningen park *with the Kallis and Fria Bad beaches at the top of the picture.*

BEACH CLUB
BCG
GRÖNINGEN
BEACH
CLUB
beach-club.se

Restaurang Sillen och Makrillen.

The Sillen och Makrillen, *'the herring and the mackerel'*, *restaurant.*

Sommarrestaurangerna Barfota by the Beach och Bunker bar med läge alldeles intill strandpromenaden

Two popular summer restaurants, *Barfota by the Beach and Bunker Bar, are situated right next to the beach promenade.*

På Gröningens lekplats, Pirater i sikte, trivs barnen.

Children love Gröningen's *playground, "Pirates Ahoy!".*

DEN LÅNGA STRANDPROMENADEN längs Strandvägen är ett populärt stråk och oftast ser man fullt av flanerande människor på sträckan ut mot Pålsjöbaden från morgon till kväll.

FROM EARLY MORNING *until late evening, many enjoy a leisurely stroll out towards Pålsjöbaden along the long and very popular waterfront promenade parallel to Strandvägen.*

PÅLSJÖ
MAT & BAR
2,8 Centrum
Pålsjö skog

Strandnära evenemang

En av sommarens största återkommande strandfester är utan tvivel OV Beachhandboll, en turnering som startade 2008.

År 2011 utsågs turneringen till ”Årets evenemang” och erhöll Guldkärnan av Marknadsföreningen i Helsingborgsregionen.

Vid turneringen månadsskiftet maj–juni 2013 lockade 15 000 deltagare storpublik till Fria Bad.

Fun on the beach

One of the summer’s biggest beach parties is without a doubt OV Beach Handball, a tournament that started in 2008.

In 2011 the tournament was designated Event of the Year, winning the Helsingborg Region Marketing Association’s Guldkärnan Award.

In late May and early June 2013 the event attracted some 15,000 participants and spectators to Fria Bad.

Helsingborg slog Barcelona – vilket resulterade i att World Rowing Coastal VM avhölls i Helsingborg den 15–18 augusti 2013.

En stark prestation av Helsingborgs roddklubb som därmed också satte staden rejält på världskartan. Under tävlingarna deltog 400 roddare från ett 21 länder och man tävlade ömsom i någorlunda stilla som i krabb sjö, där man stundtals inte såg båtarna i den upp till sex kilometer långa banan. Hemmasonen Peter Bergs insats resulterade i en bronsmedalj i singel.

Evenemanget genomfördes proffsigt och fick högt betyg av alla inblandade – en historisk bedrift av en liten klubb som startades 1883.

Helsingborg beat Barcelona, which brought the World Rowing Coastal Championships to Helsingborg on 15-18 August 2013. A strong showing by Helsingborg Rowing Club reaffirmed the city's place on the world map.

400 rowers from 21 countries competed on the six-kilometre-long course in both calm and choppy seas. Hometown son Peter Berg's efforts earned him a bronze in the singles.

The event was carried off with professionalism and won the acclaim of all who participated – a historic feat by a small club founded in 1883.

ESP 01
462
ESP 01
459

Njutning
för gom, ögon och själ

Kaféer och restauranger i kombination med kulturellt utbud och en bred handel ger den livskvalité som många söker i en stad av Helsingborgs storlek. Arbetet med att stärka den ytterligare pågår i samverkan mellan Helsingborgs stad och Helsingborgs citysamverkan. Framtida nya offentliga rum med olika aktiviteter är redan på gång för en levande stadskärna. En heldag i Helsingborg kan bestå av mycket, låt shoppingrundan bestå av en avkopplande stund med en god kopp kaffe och lite senare en likaledes god middag som avslutas med ett teaterbesök eller konsert – det är livskvalité.

Pleasures
for the palate, the eye and the soul

Cafés and restaurants in combination with broad cultural and retail-trade offerings provide the quality of life that many seek in a town the size of Helsingborg. Collaboration between the town of Helsingborg and Helsingborg's city-centre merchants' association is making it even better. New public spaces, with various activities for a vital city centre, are already in the planning. A full day in Helsingborg has it all. A round of shopping, pause for relaxation over a great cup of coffee and perhaps, later, a fine meal. In the evening, take in a show or concert – that's living!

OSTRONBAR
CHAMPAGNE
BADSTRAND
MATSAL

Shoppingstråken

I Helsingborg ligger Nordens äldsta gågata Kullagatan som löper genom traditionell stadsmiljö, vilket ger Helsingborg City en helt unik karaktär. Shopping, upplevelser, mat och avkoppling – på ett och samma ställe. Går du rakt över Stortorget så fortsätter den intima handeln längs Bruksgatan som leder vidare till shopping längs Södergatan i ett enda långt handelsstråk.

I varenda kvarter garanteras ett slimmat kafé eller restaurang så dagens njutning kan riskera att bli lååång…

Shopping streets

The oldest pedestrian street in Scandinavia can be found in Helsingborg. Kullagatan runs through a traditional town centre environment giving Helsingborg City a unique character. Shops and boutiques, interesting sights, places to eat and relax – all are within easy reach. If you cross over to the southern side of Stortorget, the main square, there are still more charming and friendly venues for shopping along Bruksgatan and Södergatan. And, as nearly every block along the way boasts a small café or restaurant, your shopping day could become rather a long one…

KICKS
Kulla Optik.
KlarSynt.
LUNDBERGS
HANDSKAR & VÄSKOR
ANNO 1928
Henses
Viva Nilla
Carl Hoff
YVES ROCHER
FRANCE
zgander
derma Vital
Beauty Care of Sweden
md formulations
Kaffe & Te
ROLEX
AUDIO VIDEO
CLASSIC BAGS
Lakritsboden
SY SÖDER
Husqvarna VIKING
elna
SKOR
ROLEX
CARLSSONS UR

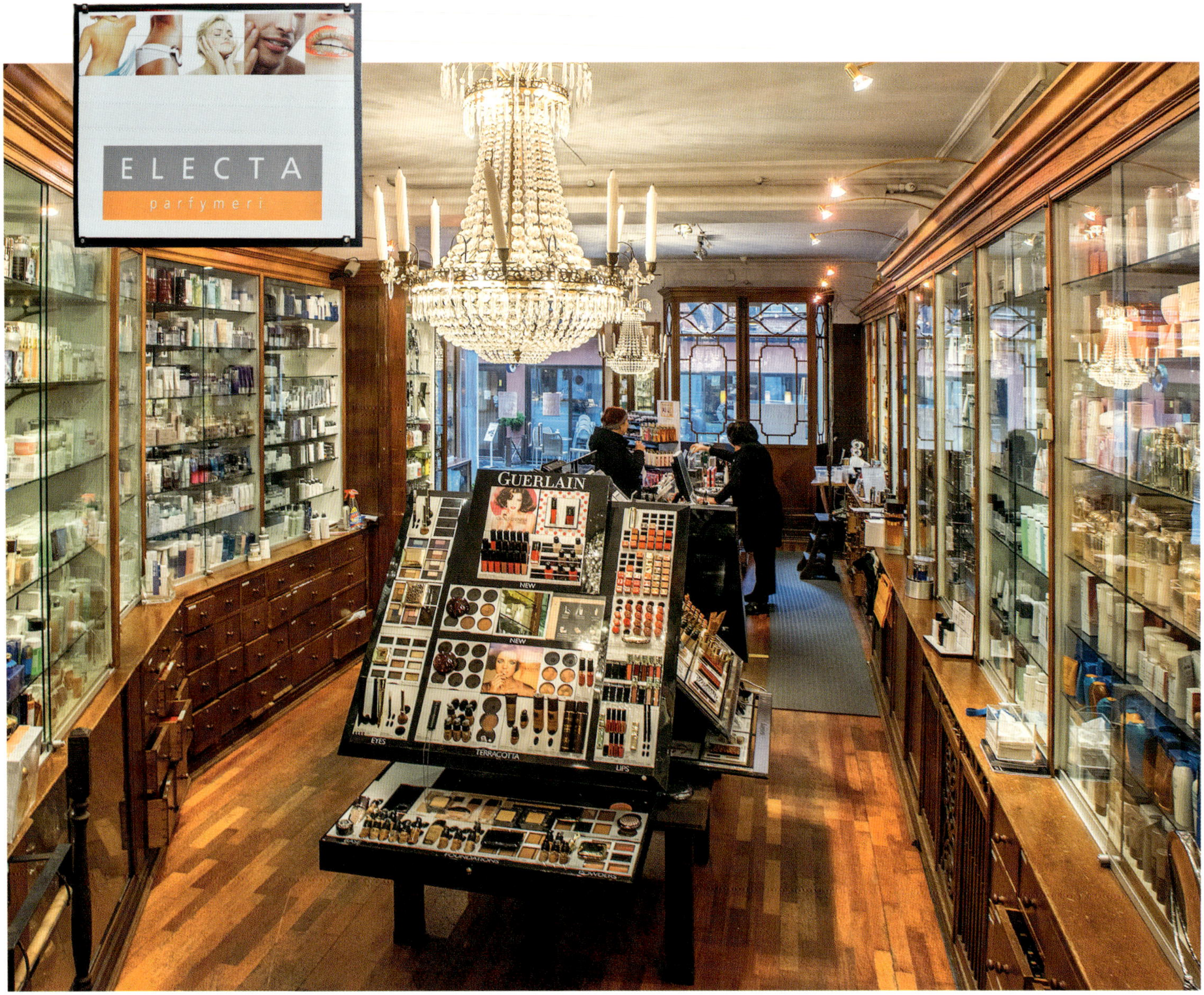

Electa Parfymeri i Helsingborg är Skandinaviens äldsta parfymeri och butiken har funnits i den nuvarande lokalen på gågatan i centrala Helsingborg sedan starten 1904. Utvecklingen med spaverksamhet har gett Electa utmärkelsen årets Gasellföretag från Dagens industri under flera år.

Electa Parfymeri *and boutique in Helsingborg, Scandinavia's oldest parfumerie, has occupied the same premises on the pedestrian high street since the start, in 1904. With the addition of a spa, Electa has earned the distinction Dagens Industri Gazelle Company of the Year for several years.*

Sveriges äldsta klädbutik – Stenströms. 1883 öppnade August Stenström sin klädbutik här i Helsingborg på Kullagatan. Redan 1906 flyttade man till den nuvarande butiken på Stortorget. ”En modern åldring”, säger Annelie och Björn Anderberg som idag äger Stenströms. Med personlig service och hög kvalité på kläder som de väljer ut personligen, skapar de en styrka för att möta företagets snart 140-åriga verksamhet med både herr- och dammode.

Stenströms – Sweden's oldest clothiers. *Tailor August Stenström opened his shop on Kullagatan, here in Helsingborg, in 1883. By 1906 he had moved to the current location. "A modern oldie," say Annelie and Björn Anderberg, who now own Stenströms. With attention to personal service and a personal touch, they select men's and women's quality fashions for the 130-year-old shop.*

SVERIGES ÄLDSTA BOKHANDELSFÖRETAG. Det är inte på många ställen man finner en verksamhet med en snart 200-årig bakgrund, imponerande! Många svenska bokhandelsföretag har en lång historia med anor tillbaka till mitten av 1800-talet. Killbergs Bokhandel är det idag äldsta familjeägda företaget med en historia som börjar redan 1824.

Killbergs flyttade in i de nuvarande lokalerna 1890. Killbergs var 1986 med och bildade bokhandelskedjan Bokia. Vid årsskiftet 2012/2013 gick Akademibokhandeln och Bokia ihop och beslutade att bedriva den nya gemensamma bokhandelskedjan under varumärket Akademibokhandeln

SWEDEN'S OLDEST BOOKSHOP. *We do not often find a business backed by nearly 200 years of tradition. Many Swedish booksellers have a history dating back to the mid-1800s. Established as early as 1824, Killbergs Bokhandel is now Sweden's oldest family-owned company of its kind.*

Killbergs moved to their current premises in1890. In1986 Killbergs helped to form the bookstore chain Bokia. Akademibokhandeln and Bokia merged in late 2012/early 2013 and decided to operate the chain under the name Akademibokhandeln.

Internationell Street market på Stortorget och Bondens marknad på Mariatorget.

International Street Market *on Stortorget and the Farmers' Market, Mariatorget.*

Kaffe i Helsingborg

Thomas Madsen – fotograf och skribent

Från anrika konditorier till trendiga kaffebarer. Kaffets historia i Helsingborg är både lång och intressant. Börjar vi från början så härstammar kaffet från Etiopien och spreds via Arabiska halvön till Europa, och till Sverige kom de första bönorna till Göteborg i mitten på 1600-talet. Helsingborgs egen kaffehistoria börjar drygt 200 år senare, i slutet på 1800-talet, då Carlos Zoega flyttade till Helsingborg för att öppna ett rosteri med butik på Kullagatan. Vid sekelskiftet flyttade företaget till Drottninggatan där den numera berömda kaffebutiken fortfarande finns. Andra konditorier med en gammal historia är Signe Bergqvist och Fahlmans, som startade 1889 respektive 1914. Helsingborgarnas kaffehistoria har alltså drygt 100 år på nacken.

Annars var det kring 1960-talet som kaffet i Sverige hade sina riktiga glansdagar, då fanns det upp emot 5 000 kaféer, konditorier och bagerier. I dag blomstrar åter kaffekulturen, nu även med många sydländska inslag i form av kaffe latte, cappuccino och espresso, och vi dricker kaffe som aldrig förr, faktisk näst mest i världen efter våra finländska grannar. Så oavsett om du gillar lite gammeldags kaféer eller lite trendigare kaffebarer, så lär du inte ha svårt att hitta ett fikaställe i Helsingborg.

Coffee in Helsingborg

Thomas Madsen – photographer and writer

From traditional patisseries and baker's shops to trendy coffee bars – the history of coffee in Helsingborg is both long and fascinating. If we start at the very beginning, coffee originated in Ethiopia and then spread via the Arabian Peninsula to Europe, the first beans coming to Sweden via Gothenburg in the middle of the 1600s. Helsingborg's own coffee history began some 200 years later, at the end of the 1800s, when Carlos Zoega moved to Helsingborg to open a roasting-house and shop on Kullagatan. At the turn of the century they were moved to Drottninggatan where the now famous coffee shop is still in business. Other similar establishments with long histories include Signe Bergqvist and Fahlmans, opened in 1889 and 1914 respectively. In other words, the history of coffee in Helsingborg goes back more than 100 years.

It was during the 1960s that coffee had its real heydays and Sweden boasted some 5,000 coffee bars, patisseries and baker's shops. Today, the country's coffee culture is enjoying a renaissance with numerous varieties of coffee, such as latte, cappuccino and espresso, to choose from. We drink more coffee than ever before and have the second highest consumption in the world – only our Finnish neighbours drink more. So, no matter whether you like old-fashioned cafés or trendier coffee bars, you'll have no problem in finding somewhere for a cup in Helsingborg.

Fahlmans. Med en historia som sträcker sig över 100 år, sedan starten 1914, har Fahlmans mer eller mindre blivit en institution i Helsingborg. Känt som Fahlmans hörna har konditoriet och bageriet huserat i samma lokaler sedan 1921. En gedigen tradition, inspirerad av den europeiska kafékulturen från början av förra seklet, som även i dag avspeglar sig i både bakverk och atmosfär, när man nu är inne på tredje generationen Fahlmans. Under åren har lokalen renoverats i olika omgångar, men man har varit noga med att försöka behålla kaféets anda, vilket man lyckats alldeles utmärkt med. Vare sig man till exempel njuter av en fika på den perfekt placerade uteserveringen eller kanske väljer att börja dagen med en frukost här. Genom åren har här passerat både kungligheter och kändisar, och kaféet är fortfarande ett av Helsingborgs mest populära.

Fahlmans. *With a history reaching back 100 years, Fahlmans is more or less an institution in Helsingborg. Known locally as Fahlmans Corner, this delightful combination of coffee shop and bakery has been housed in the same premises since 1921. And although they have been refurbished from time to time, care has always been taken to preserve their original spirit and atmosphere.*

Inspired by the European café culture from the beginning of the last century, a genuine tradition is now kept alive by the third generation of Fahlmans. They ensure that you can enjoy everything from a tasty breakfast to a delicious afternoon tea, or perhaps just a quiet cup of coffee and a spot of people-watching from the outside seating area.

Over the years, Fahlmans has been a favourite among both royalty and celebrities and will no doubt continue to be one of the most popular coffee shops in Helsingborg.

Från böna till Kopp(i). Det är tidig morgon på Koppi. Det sitter några enstaka stamgäster vid borden och de blir snabbt fler. Stämningen känns som en blandning av en sömnig lördagsförmiddag i New York och det lokala italienska stamkaféet. Sedan starten för snart sex år sedan har Charles Nystrand och Anne Lunell sakta men säkert byggt upp ett kafé och ett rosteri som i dag faktiskt gett genklang över hela världen. Danmark, Norge, Finland, Polen, England, Tyskland, Frankrike och USA är några av de länder dit man numera exporterar sitt kaffe. Dessutom har några av världens främsta restauranger valt ett samarbete med dem, och de blev utsedda till Årets Kaffebar 2013 i White Guide Café. Själv har jag blivit bortskämd och kan bara instämma i hyllningskören, jag har fortfarande inte druckit någon annan espresso som smakar som den gör här.

Hard to 'Koppi'. *It's early morning at Koppi, a roastery and coffee bar in the heart of town. A few regulars are already sitting at their tables and there's a steady stream of new arrivals. The atmosphere is a mixture of a sleepy Saturday morning in New York and your favourite Italian café. Since opening just over six years ago, Charles Nystrand and Anne Lunell have slowly but surely established a roasting-house and café that has created worldwide recognition. Denmark, Norway, Finland, Poland, England, Germany, France and the USA are some of the countries to which they now export their coffee. Furthermore, some of the finest restaurants in the world have chosen to collaborate with them, and in 2013 they won the White Guide Café award 'Coffee Bar of the Year'. I must admit that I have been spoilt and fully agree with the jury's decision, as I have yet to drink a better tasting espresso.*

Toy World
Museet du upplever

Leksaksmuseet som flyttade från Stockholm till Helsingborg och fann sin plats i Magnus Stenbocksgallerian. Ett roligt museum som passar både barn och vuxna där många säkert känner igen sig, då det i huvudsak visas leksaker från 60-talet och framåt. Vem minns inte Star wars, Playmobil, Barbie och säkert många fler av de över 10 000 prylar som finns här. Det behövs några timmar för att se allt men det finns kafé så tat lugnt.

Leksaksmuseet, *the Toy Museum, moved from Stockholm to Helsingborg and found a new home in Magnus Stenbocksgallerian. A fun museum that delights children and adults alike, since it features mainly toys from the '60s to the present. Most of us will undoubtedly remember Star Wars, Playmobile, Barbie and many of the more than 10,000 items displayed here. You will need several hours to view the collection, but there is a café, so you can take your time.*

LEVANDE TORG. Med Helsingborgs symfoniorkester som traditionsenligt ger sin nationaldagskonsert på Sundstorget den 6 juni, Sommarparken i samarbete med Yves Rocher och olika utomhusutställningar så omvandlas Helsingborgs största torg till en levande park.

A LIVING TOWN SQUARE. *With Helsingborg's Symphony Orchestra's traditional concert in celebration of Sweden's National Day on June 6th, Sommarparken in collaboration with Yves Rocher and other outdoor exhibits, Sundstorget, Helsingborg's largest town square comes to life and becomes a main attraction.*

Restauranger i Helsingborg

Thomas Madsen – fotograf och skribent

Det är en lördag i maj, början på vad som ska visa sig bli en alldeles underbar sommar. Jag sitter nere i Norra Hamnen och njuter av solen och en kall öl. Bredvid mig sitter en man på besök i Helsingborg. "Det här är ju alldeles fantastiskt", utbrister han, "jag visste inte att detta fanns!" Då inser jag ännu en gång att vi förmodligen har något som är ganska unikt och att det inte finns så många andra ställen som kan mäta sig med Helsingborg. Vi är ju faktiskt en av landets krogtätaste städer.

På sommarhalvåret, redan så fort den första vårsolen gjort entré, söker vi oss naturligtvis utomhus. Uteserveringarna sjuder av liv, speciellt längs havet, hela vägen från Knutpunkten ut till Pålsjö. Här finns allt ifrån enklare serveringar till gourmérestauranger, där vi får den fantastiska utsikten över Öresund på köpet.

När sedan höst- och vintermörkret sänker sig över staden, flyttas det inomhus. I dämpad belysning och i stearinljusens sken forsätter vi sedan att njuta av det stora kulinariska utbudet. Så Helsingborgs krogliv lever i allra högsta grad året om, och precis som med kaféerna, är det lätt att hitta sina favoriter.

Restaurants in Helsingborg

Thomas Madsen – photographer and writer

It's a Saturday in May and the beginning of what will prove to be an absolutely wonderful summer. I'm sitting in the Northern Harbour, enjoying the sun and a cold beer. Next to me is a man on a visit to Helsingborg. "It's fantastic," he says, "I didn't know that there were places like this!" And then I realize, once again, that we probably have something quite unique and that there are not many other towns that can compare with Helsingborg. In fact, we have more bars and restaurants than almost anywhere else in the country.

From March, as soon as the first rays of spring sunshine appear, to October, we obviously want to be outdoors. This is when the pavement eateries seethe with life, especially those along the shore promenade from the Knutpunkten travel centre to Pålsjö. And this is where you'll find everything from quaint cafés to gourmet restaurants, all with stunning views across the Öresund Sound at no extra charge.

When autumn comes and winter darkness descends on the town we move back indoors and, in subdued lighting and by candlelight, we continue to enjoy the impressive culinary scene. The bars and restaurants in Helsingborg definitely thrive all year round and, just like finding a favourite coffee bar, it's easy to discover a favourite venue for eating out.

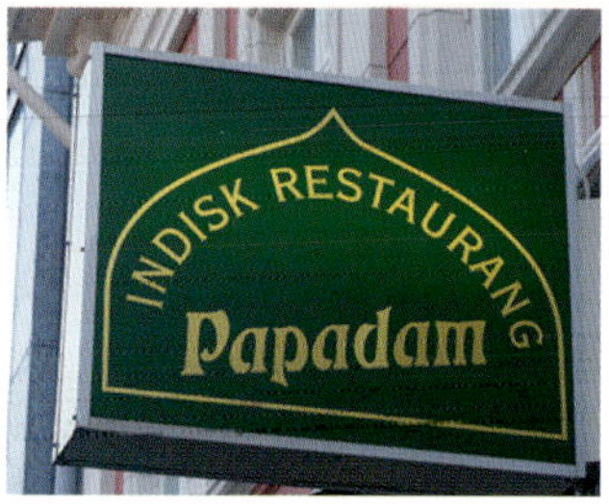

HELSINGBORG är en av Sveriges krogtätaste städer med ett stort och brett restaurangutbud. Med över 200 olika att välja på så kan man med all säkerhet säga att man kan tillgodose alla önskemål. Sju av restaurangerna ingår i den prestigefyllda White Guide.

HELSINGBORG *has one of the highest per capita densities of restaurants in Sweden, offering a broad and diverse range of eateries. With more than 200 restaurants to choose from, there is something to cater to every taste – and then some. Seven of the restaurants are now featured in the prestigious White Guide.*

Det kulturella utbudet

...är en viktig ingrediens för en stad av Helsingborgs storlek. Efter shoppingen eller dagens arbete så finns det en hel del att välja på. Dunkers kulturhus bjuder på olika och mycket intressanta utställningar, föredrag, utomhuskonserter, revyer och annat som öppnat upp huset på ett nytt sätt.

Cultural offerings

...are an important ingredient for a town of Helsingborg's size. After shopping or when the working day is done, there are many amusements to choose from. The arts centre, Dunkers kulturhus, has much to offer in the way of interesting exhibits, lectures, outdoor concerts, variety shows and other activities that have opened the centre to a broader public.

Helsingborgsrevyn gjorde comeback 2011 och presenterade 2014 revyn "Garanterad skrattehöjning" i Teatersalen på Dunkers för fulla hus.

Marknadsföreningen i Helsingborgsregionen håller här sina frukostmöten på fredagar.

DUNSO, Dunkers Nya StråkOrkester, under ledning av Bo-Göte Nygren.

Helsingborgsrevyn, *which made a comeback in 2011, presented its 2014 variety show* Garanterad skrattehöjning *in Teatersalen, Dunkers, for a full house.*

The Marketing Association also holds breakfast meetings here on Fridays.

DUNSO, Dunker's New String Orchestra, under the direction of Bo-Göte Nygren.

Helsingborgs konserthus har startat en glad nyhet ”After work konserter”. en njutning för själen som fyller stora konsertsalen.

Helsingborg Concert Hall *now presents the very popular After Work Concerts, a balm for the soul that fills the large concert hall.*

Helsingborgs stadsteater har en nationellt välrenommerad repertoar som på husets båda scener låter såväl bred underhållning som seriöst utforskande pjäser ta plats. Här har Ingmar Bergman och Göran Stangertz varit teaterchefer och under den nuvarande ledningen har de konstnärliga framgångarna fortsatt med rekordstora publiksiffror. På bilden till vänster Tuva Børgedotter Larsen i Alice i underlandet från 2013 och till höger Michael Segerström i Hans Alfredsons Den enfaldige mördaren från 2012.

The Town Theatre's *nationally renowned repertoire, performed on the house's two stages, includes both broadly entertaining productions and works of a more serious and exploratory nature. Here, both Ingmar Bergman and Göran Stangertz have served as artistic directors. Under the current management, the theatre's successes continue to attract record audiences. Pictured, left: Tuva Børgedotter Larsen in Alice in Wonderland, from 2013, and right: Michael Segerström in Hans Alfredson's* Den enfaldige mördaren *-The simple-minded murderer - from 2012.*

Folkets hus på Söder är en mycket charmig byggnad från 1906 och sedan man renoverade dess A-sal så finns här en av stadens vackraste lokaler. Här håller musikpedagogen Thomas Åström sina körer och Jeanette Sollén driver Salongen med olika arrangemang som danskvällar, jazz, och workshops.

Folkets hus, *the community centre in the Söder district is a charming building dating from 1906. The recently renovated main auditorium is now one of the town's most attractive venues. Here, music pedagogue Thomas Åström holds choral singing courses and Jeanette Sollén, who runs Salongen, arranges dance evenings, jazz concerts and workshops.*

NÖJESARENAN THE TIVOLI i den gamla Ångfärjestationen från 1898, har sedan flera år varit en uppskattad arena med hårt drag i nöjesbranschen. Med sex olika salonger kan man köra företagsfesten och födelsedagskalaset samtidigt. I den återöppnade Vinylbaren rockade bland andra The Sounds loss med Maja Ivarsson, som 2013 fick ta emot Guldkärnan för Årets personlighet. Krogshowen Champagne Safari kör vidare för 14:e gången med nya showen ”Värsta slagern”.

THE TIVOLI, *in Ångfärjestationen, a former ferry terminal dating from 1898, has been renowned as one of Sweden's premier entertainment venues for several years. With six different rooms, The Tivoli can host several different festive gatherings simultaneously. The reopened Vinylbaren – the Vinyl Bar – has hosted big names in pop and rock, including The Sounds, featuring lead singer Maja Ivarsson, winner of the 2013 Guldkärnan Personality of the Year Award. Nightclub variety act Champagne Safari, here for the 14th time with a new show ”Värsta slagern”.*

Helsingborgs arena. En av Sveriges modernaste arenor. En huvudarena för inomhusidrott men också för konserter, kongresser och andra evenemang. Med en totalyta på 21 000 m² så finns det plats till 5 500 åskadare vid en konsert samt cirka 4 700 vid idrottsliga arrangemang. Arenan invigdes 30 november 2012 och drivs av det kommunägda Helsingborgs Evenemang och Idrottspark AB. Bilder från invigningen 2012.

Helsingborg Arena. *One of Sweden's most modern arenas. A main venue for indoor athletics, concerts, congresses and other big events. With a total area of 21,000 m², there is plenty of space for 5,500 concert-goers or about 4,700 sports spectators. Officially opened on 30 November 2012, the arena is managed by municipally owned Helsingborgs Evenemang och Idrottspark AB. Photo: official opening in 2012.*

STAD I LJUS. Helsingborg, en stad som med sin julbelysning lyfter oss tillsammans med kröningen av Helsingborgs lucia 2013 för 22 året i rad. En begivenhet som många vill känna värmen av i den mörka årstiden. Traditionsenligt tänder Luciaföljet första advent julgranen på Stortorget och stadens julbelysning. Bildkollaget är från 2013.

CITY IN LIGHT. *Helsingborg's Christmas illuminations and the crowning of Helsingborg's Lucia 2013, for the 22nd year running. A spectacle that warms many hearts at the darkest time of the year. On the first Sunday of Advent, in keeping with tradition, Lucia and her attendants light the Christmas tree on Stortorget and turn on the town's Christmas illuminations. The photo collage is from 2013.*

K.O.

MAX

Kampviljan finns i Helsingborg

Helsingborg and its fighting spirit

Historiskt sett har Helsingborg funnits med i många centrala sammanhang inom idrottens värld. Framstående personer och lag som sätter staden på världskartan och som är värda all beundran, tänk vad de betyder för varumärket Helsingborg. Som lag är lätt att nämna fotbollsklubben HIF, IFK Helsingborg, Vasatorps Golfklubb, OV Helsingborg, Helsingborgs roddklubb, men också framstående idrottare av märket Helsingborg: Sally Bauer, Kalle Svensson, Roland Nilsson, Gunnar Nilsson, Torbjörn Blomdahl, Henke Larsson, Johan Wissman, Andreas Lilja, Caroline Seger med flera. Idrottslig kampvilja som satt starka spår i hela världen. Något att vara stolt över…

Historically, Helsingborg has often excelled in the world of sport. Outstanding sportsmen and women have helped to put the town on the map. They are certainly worth our admiration and just think of what they have meant for the image of the town. Teams that come to mind include Helsingborg's football club HIF, the IFK Helsingborg sports club, Vasatorp Golfklubb, the OV Helsingborg handball club and Helsingborg's rowing club. Distinguished sportsmen and women include Sally Bauer, Kalle Svensson, Roland Nilsson, Gunnar Nilsson, Torbjörn Blomdahl, Henke Larsson, Johan Wissman, Andreas Lilja and Caroline Seger. They have all displayed a true fighting spirit in the world of sport and made strong impressions worldwide. That's something to be really proud of!

Helsingborgs
mesta publika evenemang

Hasse Sjöström – Idrottsmuseet

Helsingborgs IF (HIF) & Idrottsplatsen Olympia. Tillsammans med Kärnan, Rådhuset och båtarna till Helsingör framstår utan tvekan HIF och Idrottsplatsen Olympia som två av Helsingborgs största varumärken.

På 15 hemmamatcher i allsvenskan med drygt 10 000 personer i snitt vallfärdar minst 150 000 till Olympia årligen och till detta kommer ytterligare ett antal internationella matcher. www.hif.se

IFK Helsingborg & Springtime (stadslopp i city). Springtime är ett stadslopp över 10 respektive 5 km som går årligen i maj månad och nu samlar cirka 4 000 deltagare. Publiken brukar vara mer än 10 000 längs banan och i city, där start och målgång är belägna.

Det startade 1981 och under 2015 firar man 35-årsjubileum. Hittills har över 70 000 löpare passerat mållinjen och det har varit stora publikfester inte minst för att vädret alltid varit gynnsamt. www.ifkhelsingborg.se

Helsingborg's
most popular events

Hasse Sjöström – Helsingborgs Sports Museum

Helsingborgs IF (HIF) & Olympia Stadium. *Together with the Kärnan tower, the town hall and the ferries to Elsinore in Denmark, the town's football club HIF and Olympia Stadium are two of Helsingborg's top attractions.*

The club's 15 home games in the top Swedish football league have an average attendance of over 10,000. This adds up to a yearly total of over 150,000 visitors to Olympia, a figure that is further boosted by attendances at international matches. www.hif.se

IFK Helsingborg & the Springtime Town Race. *Springtime is an annual May run organized by the IFK Helsingborg sports club. The 10-km and 5-km courses attract some 4,000 participants and more than 10,000 spectators line the route which starts and finishes in the town centre.*

The first race was held in 1981, which means that its 35th anniversary will take place in 2015. Over the years, more than 70,000 runners have crossed the finishing line and the event has been one of the town's most popular, especially as the weather has always been so favourable. www.ifkhelsingborg.se

Vasatorps GK & Helsingborg Open (Europatouren). Golfklubben på Vasatorp arrangerade under 2013 Helsingborg Open som ingår i Europatouren (Ladies European Tour) och samlade drygt 25 000 åskådare under tre dagar i augusti.

Deras arrangörskap fick fina vitsord och Vasatorp har nu fått klartecken för arrangemanget som går under namnet Helsingborg Open både 2014 och 2015. www.vasatorpsgk.se

Boule på Gröningen & inomhus på Jutan. Kanske ingen större publiksport men en som har många utövare. Det finns möjlighet att spela på banorna vid Gröningen under hela sommaren och vintertid finns inomhusbanor på Jutan ute på söder. Så för alla bouleälskare som gästar Helsingborg under olika årstider och vill spela kan vi rekommendera dessa ställen.
www.idrottonline.se/helsingborg/bkkarnan-boule

Vasatorps GK & Helsingborg Open *(Ladies European Tour). In August 2013 the Vasatorp Golf Club hosted the Helsingborg Open competition, which forms part of the Ladies European Tour, and attracted more than 25,000 spectators to the three-day event.*

Their organization of the tournament was highly commended and Vasatorp Golf Club has now been given the go-ahead to arrange the Helsingborg Open to be held in both 2014 and 2015. www.vasatorpsgk.se

Petanque in the Gröningen park & indoors at the Jutan *activity centre. Perhaps not a great spectator sport but one that has lots of players. The terrains in the Gröningen park are open all summer and in winter indoor terrains are set up at the Jutan activity centre just south of the town centre.*

We can highly recommend these two venues to all petanque enthusiasts when visiting Helsingborg and looking for suitable terrains at different times of the year.
www.idrottonline.se/helsingborg/bkkarnan-boule

Johan Wissman in action.

IFK Helsingborg & Öresundsspelen på Heden. Detta är friidrott på hög nivå för ungdomar på Hedens idrottsplats ute på söder i Helsingborg, där funktionärerna bland annat är gamla kända landslagsmän och svenska mästare.

Oftast campar deltagarna på Råå Vallar Resort som är på gångavstånd från idrottsplatsen. Heden har allvädersbanor och används numera endast för friidrott. www.ifkhelsingborg.se

FC Helsingborg (FCH) & innebandy på Arenan. Helsingborgs innebandylag spelar i Superligan och samlar vid varje hemmamatch ett stort antal åskådare. Innebandyn är den sport som har störst antal aktiva efter fotbollen. FCH arrangerar också en stor ungdomsturnering årligen där man spelar på fem planer inom Olympiaområdet, tre i Arenan och två på Idrottens Hus, och därmed slipper man alla transporter under arrangemanget. www.fch.nu

IFK Helsingborg & the Öresundsspelen *games at the Heden sports ground. This is a prestigious event for young sportsmen and women that takes place at the Heden sports ground south of the town. Among the officials at the games are former international athletes and Swedish champions.*

The participants are normally accommodated at the Råå camping site situated only a short walk from the sports ground. Heden has all-weather facilities and is now used exclusively for track and field athletics. www.ifkhelsingborg.se

FC Helsingborg (FCH) & floorball *at Helsingborg Arena. Helsingborg's floorball team, FCH, plays in the Swedish Super League and their matches draw huge numbers of spectators. Floorball is the second largest sport in Sweden with the greatest number of active players after football.*

FCH organizes an annual youth competition with matches taking place on five different rinks in the Olympia sports complex: three in the Helsingborg Arena and two in the nearby Idrottens Hus sports arena, eliminating the need for extensive travelling between scattered venues. www.fch.nu

Eskilsminne IF & Eskilscupen i fotboll för ungdomar. Första veckan i augusti sker årligen Eskilscupen, landets andra största efter Gothia Cup, med drygt 700 lag med över 11 700 ungdomar i olika åldersklasser för både flickor och pojkar.

Till dessa kommer ett stort antal ledare och föräldrar som gästar Helsingborg och där lagen spelar på olika idrottsplatser över hela kommunen. www.eskils.nu

Eskilsminne IF & the Eskils Cup *under-16 football competition. Eskils Cup is an annual event organized by the Eskilsminne IF football club and held during the first week in August. It is the second largest championships of its kind in Sweden, after the Gothia Cup youth tournament,*

More than 700 teams and 11,700 boys and girls, in different age groups, participate. These numbers are swelled by the many team managers, officials and parents who follow the matches, all played at pitches in and around Helsingborg. www.eskils.nu

Föreningen Idrottsarkivet & Helsingborgs Idrottsmuseum finns på Olympiaområdet i Idrottens Hus foajé med 800 m² utställningsyta i ett plan. Där finner ni det mesta av Helsingborgs idrottshistoria. Telefon 042-13 39 00 eller på e-post helsingborg@ idrottsmuseum.org. www.hbgidrottsmuseum.se.

The Sports Archives Association & Helsingborg Sports Museum. *The museum is located in the Idrottens Hus sports centre where 800 square metres of exhibition space have been made available in the foyer. Visitors can find out nearly everything they want to know about the history of sports in Helsingborg. Phone 042-13 39 00 or send an email to helsingborg@idrottsmuseum.org. More information is available at www.hbgidrottsmuseum.se.*

Entreprenörsanda

Marknadsföreningen och företagande i Helsingborg

Pia Siljeklint
– vice ordförande, Marknadsföreningen i Helsingborgregionen

Sedan 1800-talet har Helsingborg varit en av Sveriges snabbast växande städer. Industrins utveckling tog vägen via svavelsyra-, tegel- och sockerfabrik till gummifabriken, som så småningom gjorde staden världsberömd med tennisbollar från Tretorn, vars avkastning givit staden flera av sina betydande idrotts- och kulturanläggningar. Väverier, konfektyrtillverkning och margarinproduktion har också varit välkända industrier.

Marknadsföreningen i Helsingborgsregionens historia kan dateras till 1933 då Hälsingborgs Reklamförening bildades, vilket så småningom blev Marknadsföreningen i Helsingborgsregionen, MiH. Under årens lopp har föreningen kommit att bli en viktig del av regionens näringslivsutveckling.

MiH erbjuder varje år ett stort antal seminarier under namnet Frukostklubben. Vi arrangerar årligen Guldkärnangalan, där priset Guldkärnan delas ut i fyra kategorier: årets marknadsförare, designer, evenemang och personlighet. Samtliga priser är avsedda att lyfta fram välförtjänta prestationer av företag eller individer med koppling till Helsingborgsregionen.

Idag präglas Helsingborgs näringsliv av entreprenörsanda och vilja till utveckling. Sedan år 2000 är Helsingborg också en universitetsstad, då Lunds universitet invigde Campus Helsingborg. Närvaron av ett universitet märks i staden. Studenters kompetens tas tillvara i företag och förvaltningar.

Med universitetet i Helsingborg har också spännande forskningssamarbeten mellan näringslivet, förvaltningarna och universitetet startat. Det handlar om områden där Helsingborg har sin styrka och kan bli ännu starkare som en plats som utvecklas i tiden, nämligen handel och logistik.

Port of Helsingborg.

The marketing association
and enterprise in Helsingborg

Pia Siljeklint – Vice Chair, Helsingborg Region Marketing Association

Since the 19th century, Helsingborg has been one of Sweden's fastest-growing towns. Industries have included a sulphuric acid factory, brickworks, a sugar mill and a rubber factory. The latter brought world fame to Helsingborg, thanks to tennis balls from Tretorn, whose dividends have given Helsingborg several of its most prominent cultural and sporting venues; among them, the theatre, the concert hall and Olympia stadium. Weaveries, confectionery and margarine production have also been well-known industries.

The Helsingborg Region Marketing Association's history dates from 1933, when Hälsingborgs Reklamförening was founded. Over the years, Marknadsföreningen i Helsingborgsregionen, MiH, has made important contributions to business development in the region.

Each year the association presents many seminars at its regular Breakfast Club meetings. Annually, we arrange Guldkärnangalan, an event at which the Guldkärnan Awards are presented in four categories: marketer of the year, designer of the year, event of the year and personality of the year. The awards are presented in well-deserved recognition of contributions made by companies or individuals associated with the Helsingborg region. Other events include half-day seminars, management training courses and after work-seminars with panel discussions.

Today, the local business community is characterised by entrepreneurial spirit and enterprise. In 2000 Helsingborg became a seat of higher learning when Lund University established Campus Helsingborg in a building that once housed a rubber factory. The building, from a bygone industrial era, has come full circle and now serves its new function in the modern, knowledge-based economy.

With the advent of Campus Helsingborg, exciting research collaboration between the local business community, public administrations and the university has been initiated. This research is conducted in areas in which Helsingborg excels, namely, retail trade and logistics, and can be even stronger as a place that develops with the times.

Helsingborgs bryggeri tillhör Helsingborgs senaste innovatörer med en stark känsla för att staden skulle ha ett bryggeri där man skapade goda öl med stort hjärta. Det gamla Helsingborgs Bryggeri hade en lång och gedigen historia mellan 1850 och 1967. 2010 startades det igen av två ölentusiaster som gör allt för att föra den goda traditionen vidare. Entusiasmen delas med cirka 200 andelsägare.

Verksamheten finns i en historisk tegelbyggnad från 1880, bara ett stenkast från det ursprungliga Helsingborgs Bryggeri. Här finns en modern bryggerianläggning med maltkross, bryggarrum, lagertankar, tappning, etikettering och konferensrum/ölprovningsrum. Detta är Nordvästskånes första mikrobryggeri och nu regionens största. Den lokala förankringen är och förblir en viktig del i bryggeriets identitet.

Man fokuserar på fina råvaror, hantverksskicklighet och precision. Bryggeriets första öl – Helsingborgs Lager – blev utsedd till "Bästa ljusa Lager 2011" på Gothenburg Beer Festival i september 2011. År 2013 erhöll Helsingborgs bryggeri Guldkärnanpriset som Årets marknadsförare i Helsingborgsregionen.

Att brygga ett gott öl handlar lika mycket om att välja rätt malt och humle som att hitta en bryggare med känsla för varje ölsorts särskilda karaktär. Här är man stolta och glada över att ha samlat genuint skånskt hantverkskunnande. I nuläget bryggs cirka 84 000 liter öl/år och för närvarande cirka 15 olika sorter från en härlig beska till mjuka ale.

Helsingborgs bryggeri erbjuder visningar och även ölprovning. Kontakta via www.helsingborgsbryggeri.se.

Helsingborgs Bryggeri is a recent innovation created by local patriots who decided Helsingborg needed a brewery where good beers could be crafted with plenty of heart and soul. The old Helsingborgs Bryggeri quenched local thirsts from 1850 to 1967. The brewery was brought to life again in 2010 by two beer enthusiasts who are committed to carrying on the noble tradition. Their enthusiasm is backed by 200 shareholders.

The brewery is housed in a historic brick building that dates from 1880, just a stone's throw from the original Helsingborgs Bryggeri. The modern brewery is fully equipped with a malt mill, brewing hall, lagering tanks, bottling and labelling facilities, and a conference and tasting room. Northwest Skåne's first microbrewery, it is also the region's largest. A strong local following will continue to form a vital part of the brewery's identity.

The focus is on fine ingredients, craftsmanship and precision. The brewery's first beer – Helsingborgs Lager – placed first in the Best Light Lager class at the Gothenburg Beer Festival in September 2011. In 2013 Helsingborgs Bryggeri won the Guldkärnan Award as Marketer of the Year in the Helsingborg region.

Brewing a good beer demands a brewer with knowledge of the special characteristics of each beer style, a brewer who can select the right malt and hops. Here, there is a strong sense of pride in having gathered genuine local craftsmanship. About 13,000 litres of some 17 different beers ranging from mild ales and light lagers to well-hopped speciality brews are now brewed annually.

Helsingborgs Bryggeri also arranges tours and tastings. Contact via www.helsingborgsbryggeri.se.

HELSING
BORGS
LAGER
33 cl
HELSING
BORGS
SUMMER ALE
33 cl
4.8%

Rekord i lakrits. Lakritsfabriken i Ramlösa kom att bli Sveriges första distributör av Premiumlakrits när man slog upp portarna i april 2011. I produktionen används bara utvalda råvaror och man kan därför leverera förstklassiga produkter, som dessutom är helt utan gluten. Målet är att tillverka godsaker av oantastligt hög kvalitet som ska kunna ätas av alla. Säkert en av anledningarna till att man 2013 fick ta emot det prestigefyllda priset Salmiakki 2013 Finlandia Prize – årets saltlakrits i Finland. Intresset för lakrits är enormt och efterfrågan har ökat vilket gör att man nu även exporterar till bland annat Finland, Danmark, Norge, Tyskland, England och Spanien. Lakritsfabriken i Ramlösa innehar rekordet för världens längsta lakrits och finns med i Guinness World Records.

Lakritsfabriken huserar i nya fräscha lokaler vid Ängelholmsvägen i Helsingborg. Ett av stadens nya besöksmål med lakritsens historia, provsmakning och café.

Lakritsfabriken - The Licorice Factory. When it opened in April 2011, Lakritsfabriken in Ramlösa was Sweden's first distributor of premium licorice. Only the finest selected ingredients are used in the production of premium products which are also entirely gluten-free. The aim is to make superb quality sweets that can be enjoyed by all. Undoubtedly, this is why Lakritsfabriken won the prestigious 2013 Salmiakki Finlandia Award for the year's best salty licorice in Finland. Interest in licorice is enormous and demand has increased, which is why the company now exports to countries including Finland, Denmark, Norway, Germany, England and Spain. Lakritsfabriken in Ramlösa holds the record for the world's longest piece of licorice and is featured in Guinness World Records.

Lakritsfabriken is housed in bright new premises on Ängelholmsvägen in Helsingborg. One of the town's new tourist attractions, with licorice history, tastings and a café.

• SWEDISH PREMIUM LIQUORICE •
LAKRITSFABRIKEN
RAMLÖSA

Sveriges största modehus. Väla Centrum har växt enormt sedan starten 1974 och är nu uppe i 180 butiker under samma tak. Under ett år flanerar här bortåt 8 miljoner besökare som omsätter cirka 2,6 miljarder på varor. Med senaste ombyggnaden så fick man ett rejält lyft med högre takhöjd och ett stort restaurangtorg. Välas stora musikfest ”Pink Party” maj 2013 med Sean Banan, Ulrik Munther och Eric Saade lockade cirka 15 000 åskådare.

Byn Ödåkra alldeles intill är känt historiskt för sin spritttillverkning, idag nerlagd men kan beskådas på Fleninge Hembygdsmuseum.

Sweden’s biggest house of fashion. Since opening in 1974, shopping mall Väla Centrum has continued to grow and now has 180 shops under one roof. Here, some 8 million shoppers spend around 2.6 billion kronor per year. Extensive renovations were made in 2012. The ceiling height was raised and a large food court was added. Väla’s big music festival, Pink Party, in May 2013, featured artists Sean Banan, Ulrik Munther and Eric Saade, attracting a crowd of 15,000. The nearby village of Ödåkra was once known for distilling. The historic distillery no longer runs, but can be seen at Fleninge Hembygdsmuseum.

Mediatec

"Spritan i Ödåkra en nykter affärsidé".
CALORIC PUNCH

KappAhl

VOLT
stadium

MARTY
TRAMPOLIN
ESPRIT

TROPIKARIET. "Det hela började med en tupp och två hönor hemma hos mina föräldrar i Helsingborg", säger den djurkunniga Magnus som driver det som växte till Tropikariet med giftormar, krokodiler, apor, surikater, fåglar och övriga djur från hela världen. Avdelningarna Regnskogsnatt med mystiska ljud så att man ryser, Sydamerika, Afrika, Madagaskar till det stora Hajrevet gör att man får en spännande utflykt till jordens olika världsdelar. Här kan man klappa krokodilen och ormen, överraska med barnkalas eller boka en guidad tur för att lära sig mer om alla djuren. Tropikariet har nominerats till Stora Barnsemesterpriset 2014 som Bästa Akvarium/Tropikarium i Norden.
www.tropikariet.com

TROPIKARIET. "It all started with a rooster and two hens at my parents' home in Helsingborg," says zoology enthusiast Magnus, who runs what later grew to become *Tropikariet*, home to poisonous snakes, crocodiles, apes, suricates, birds and a host of other animals from around the world. From Rainforest Night, with eerie, mystical sounds, and South America, Africa and Madagascar to the great Shark Reef, visitors are taken on an exciting journey to all tropical corners of the world. Here, you can pet a crocodile or a snake, surprise the kids with a birthday party or book a guided tour to learn about the many fascinating creatures. *Tropikariet* has been nominated for the Great Children's Holiday Award 2014 in the category Best Nordic Aquarium/Tropical Terrarium.
www.tropikariet.com